Lektürehilfen

W0095475

Robert Musil

Die Verwirrungen des Zöglings Törleß

von Hanns-Peter Reisner

Klett Lernen und Wissen

Dr. Hanns-Peter Reisner, Fachleiter für Deutsch und Hauptseminarleiter am Studienseminar Köln II (Gymnasium/Gesamtschule).

Die Textzitate und Seitenangaben in der vorliegenden Lektürehilfe folgen der Ausgabe: Robert Musil, *Die Verwirrungen des Zöglings Törleß*, Hamburg: Rowohlt Taschenbuch Verlag, 2005.

Bibliographische Information Der Deutschen Bibliothek
Die Deutsche Bibliothek verzeichnet diese Publikation in der Deutschen Nationalbibliographie; detaillierte bibliographische Daten sind im Internet über http://dnb.ddb.de abrufbar

Auflage   5. 4. 3. 2. | 2011 2010 2009 2008
Die letzten Zahlen bezeichnen jeweils die Auflage und das Jahr des Druckes.
Alle Rechte vorbehalten.
Dieses Werk folgt der reformierten Rechtschreibung und Zeichensetzung. Ausnahmen bilden Texte, bei denen künstlerische, philologische oder lizenzrechtliche Gründe einer Änderung entgegenstehen.
„Das Werk und seine Teile sind urheberrechtlich geschützt. Jede Nutzung in anderen als den gesetzlich zugelassenen Fällen bedarf der vorherigen schriftlichen Einwilligung des Verlages. Hinweis zu § 52 a UrhG: Weder das Werk noch seine Teile dürfen ohne eine solche Einwilligung eingescannt und in ein Netzwerk eingestellt werden. Dies gilt auch für Intranets von Schulen und sonstigen Bildungseinrichtungen."
Fotomechanische Wiedergabe nur mit Genehmigung des Verlages

© Klett Lernen und Wissen GmbH, Stuttgart 2007
Internetadresse: http://www.klett.de
Umschlagfoto: AKG, Berlin
Satz: DTP Andrea Eckhardt, Göppingen
Druck: Druck Partner Rübelmann, Hemsbach
Printed in Germany
ISBN 978-3-12-923042-8

Inhalt

Die Handlung des Romans

Erläuterungen zur Darstellungsweise

Der Roman war in den ersten Auflagen deutlich in Kapitel gegliedert, gekennzeichnet durch den Beginn einer neuen Seite. Innerhalb der Kapitel zeigten waagrechte Linien zusätzliche Einschnitte an. In den späteren Ausgaben, wie auch in der dieser Lektürehilfe zugrunde gelegten, sind Kapitelanfänge durch zwei Leerzeilen, Einschnitte hingegen durch nur eine Leerzeile kenntlich gemacht.
Um den Überblick über Musils *Törleß* zu erleichtern, wird die Handlung des Romans der ursprünglichen Kapitelstruktur entsprechend mit Nummerierung der Kapitel und Angabe der Seitenzahlen wiedergegeben. Die Einschnitte innerhalb der Kapitel sind durch einfachen Absatzwechsel markiert.

Kapitel 1, S. 7–23

Der Roman beginnt mit der Schilderung eines tristen, leblos wirkenden Bahnhofs einer Kleinstadt, weitab von der Residenz an der Strecke nach Russland gelegen. Auf dem Bahnsteig promeniert eine Gesellschaft junger Leute mit einem älteren Ehepaar, fröhlich zwar, aber in nicht ganz ungetrübter Stimmung. Unter ihnen Frau Hofrat Törleß, der offensichtlich der Abschied von ihrem einzigen Kind schwerfällt. Sie lässt ihren Sohn in dem traditionsreichen, von einer frommen Stiftung errichteten Konvikt zu W. zurück, einem Internat, in dem die Söhne der besten Familien ihre spätere Karriere im Hochschul-, Staats- oder Militärdienst vorbereiten. Im Rahmen eines längeren Rückblicks teilt der Erzähler mit, dass es vor vier Jahren der dringliche Wunsch des jungen Törleß gewesen sei, in dieses Konvikt aufgenommen zu werden. Von dem ihn plötzlich überfallenden Heimweh versucht er sich zunächst durch Briefe an seine Eltern zu befreien, bis sich der Schmerz allmählich abschwächt und ihn leer und gleichgültig hinterlässt. Mit der Ankunft eines jungen Fürsten aus altem, einflussreichem Adelsgeschlecht, einem hoffähigen Prinzen, verändert sich seine Stim-

Abschieds-stimmung auf dem Bahnhof

Heimweh und Briefe an die Eltern

Freundschaft und Bruch mit dem Fürsten

mungslage. Törleß fühlt sich von dessen „weicher, geschmeidiger" Körperlichkeit und aristokratischer Aura angezogen, er verfeinert und erweitert im Umgang mit ihm seine Menschenkenntnis. Zunächst stört den aus bürgerlich freidenkendem Hause stammenden Törleß die Religiosität des neuen Freundes nicht, und er fühlt sich in eine andere Welt versetzt. Dann aber greift er mit kritischem Verstand die Lebenswelt des Prinzen an, die Freundschaft zerbricht, der Prinz verlässt nach einiger Zeit das Konvikt. Mit beginnender Geschlechtsreife schließt Törleß mit einigen Kameraden Freundschaft, die zwar aus gutem Hause stammen und sich als begabt erweisen, aber auch roh und streitbar sein können. Törleß, selbst eher unselbständig und empfindsam, lässt sich gern von ihnen beeinflussen. Bisher hat er sich vor allem an Büchern orientiert und vor deren Folie eigene poetische Texte verfasst, so dass er einen für ihn typischen Charakter noch nicht entwickelt zu haben glaubt. Zwar spürt er in der Streitlust seiner Kameraden auch das Lächerliche der „geborgten" Gefühle, doch versucht er es ihnen gleich zu tun. Bei Elternbesuchen entzieht er sich jetzt jeder Zärtlichkeit, wenn auch nur halbherzig. So durchlebt er finstere, nachdenkliche Stunden, „gleichsam über sich selbst gebeugt".

Anlehnung
an neue Freunde

Nach dem Rückblick wendet sich der Erzähler erneut dem Geschehen auf dem Kleinstadtbahnhof zu. Beim Einfahren des Zuges bittet Herr von Törleß den jungen Baron von Beineberg und die anderen Kameraden seines Sohnes, gut auf Törleß aufzupassen und, sollte ihm etwas geschehen, ihn zu verständigen. Törleß nimmt diesen sorgsamen Gestus gelangweilt hin.

Fürsorge
des Vaters

Melancholisch gestimmt und voll trüber Gedanken zieht Törleß mit seinen Kameraden stadteinwärts, der Gedanke an das „Glockenzeichen" des Konvikts erfüllt ihn mit ohnmächtiger Wut. An den Rempeleien seiner Kameraden, den anzüglichen Scherzen und den Übergriffen auf die jungen Frauen der Vorstadt beteiligt er sich nicht, wohl aufgrund seiner zurückhaltenderen sinnlichen Veranlagung, wie der Erzähler erklärt. Dennoch atmet er die Sinnlichkeit der Atmosphäre begierig ein, voll von leidenschaftlichen, aber noch diffusen Erwartungen. Mit der Frage, ob er Heimweh habe, unterbricht der zwei Jahre ältere von Reiting die Fantasien seines Kameraden

Sinnlichkeit
der Vorstadt-
atmosphäre

Törleß, der verlegen schweigt, sich dann mit Beineberg von den anderen trennt, da beide noch nicht ins Konvikt zurückkehren wollen.

Kapitel 2, S. 23 – 35

Törleß und Beineberg lassen sich in der Konditorei nieder, trinken Schnäpse und rauchen. Beineberg erzählt von seinem Vater, der als junger Offizier in englischen Diensten in Indien war, dort buddhistische Gedanken aufgenommen und später an seinen Sohn weitergegeben hat. Er pflege auch jetzt noch, sich des Abends in Bücher der indischen Philosophie zu versenken und sie sich meditativ zu erschließen. So erschienen ihm die Menschen, die in der Ferne dem buddhistischen Kult huldigten, wie Brüder, während er die Menschen seiner unmittelbaren Umgebung verachte. Es erfülle ihn mit Stolz, einer fernen Gottheit zu dienen.

Dieses Vaterbild lebt in Beineberg in vergrößerter, verzerrter Form weiter und stärkt in ihm den Glauben, mit Hilfe „ungewöhnlicher seelischer Kräfte" die Menschen beherrschen zu können. Törleß, der Beineberg in seiner Körperlichkeit beobachtet, ist von dessen Vornehmheit beeindruckt und beunruhigt zugleich. Als er sich Beinebergs Körper nackt vorstellt, entstehen Fantasien von sich artistisch verrenkenden Gliedmaßen, bei der Vorstellung, seine Hände könnten ihn berühren, überlaufen ihn „eklige Schauer" und „etwas Geschlechtliches" drängt sich zwischen seine Gedanken. Törleß ist beunruhigt, verspürt Widerwillen und Scham.

In einem Gespräch über ihren Unterricht kommen sie auf die Religion und das Problem der Wahrheit zu sprechen. Törleß bekennt, dass für ihn das Interessanteste an der Schule sei, einen Gedanken in die Welt zu setzen, von dem man selbst nicht wisse, ob er wahr sei oder nicht. Demgegenüber sei das schulische Wissen zwecklos und öde. Beim Anblick der hereinbrechenden Dunkelheit erzählt Törleß, wie er als Kind, in einem Wald während der Dämmerung allein gelassen, das Gefühl hatte, von den leblosen Geschöpfen wie den Bäumen schweigend beobachtet zu werden. Dieses Schweigen sei wie eine Sprache gewesen, die man nicht hört. Auch jetzt wieder entsteht in Törleß die Empfindung des Al-

In der Konditorei

Beinebergs Vater und der Buddhismus

Törleß' Fantasien über Beinebergs Körper

Gespräch über Wahrheit, Dunkelheit, Einsamkeit

Gefühl der Einsamkeit

lein- und Verlassenseins. Es wird ihm deutlich, dass er in der Dunkelheit keine Menschen mag, vielmehr eine besondere Art der Einsamkeit kultiviert, die er wie „den Reiz eines Weibes" empfindet, eine Fantasie, die ihn sowohl angenehm verwirrt als auch in Furcht versetzt. Daran anknüpfend reflektiert der Erzähler über Törleß' seelische Entwicklung, insbesondere über seine Fähigkeit, Dinge, Ereignisse und Menschen gleichzeitig als vollkommen unverständlich und fremd wie auf unerklärliche Weise verwandt zu erleben. Dieser Widerspruch bedrohe ernsthaft seine Seele. Törleß fühlt sich jetzt kraftlos und ermüdet, ihn lockt die Einsamkeit mit ihrem „warmen, sündigen Atem". Als Beineberg seine Stimmung offensichtlich errät, wendet sich Törleß von ihm ab, und beide schlagen wortlos „einen bestimmten Weg" ein.

Törleß geht auf Distanz

Kapitel 3, S. 35 – 49

Durch den Wald zu Božena

Bei regenschwerer Luft gehen Törleß und Beineberg stadtauswärts, überqueren den Fluss auf einer hölzernen Brücke und dringen auf schmalem Pfad in einen aus dichten Bäumen und Unterholz bestehenden Wald. Bereits von ferne hören sie erregte Stimmen, beim Näherkommen lichtet sich der Wald, und es erscheint ein ehemaliges Badhaus, in dessen Erdgeschoss sich ein Wirthaus mit zweifelhaftem Ruf befindet. Vor dem Wirtshaus streiten sich ein „Weib" in Jacke und Unterrock und ein von ihr als „Bauernlümmel" beschimpfter Mann, der ihr das für ihre Dienste erwartete Geld verweigert. Als er ihr mit einem Stein den „Buckel" einzuschlagen droht, flüchtet sie sich ins Haus, und der betrunkene Bauernbursche zieht triumphierend ab. Dies sei Božena, flüstert Beineberg zu Törleß, und beide schleichen, nicht ohne spöttisches Lachen der Wirtshausgäste, über die dunkle Treppe in Boženas Behausung.

Boženas Vergangenheit

Božena, von Hause aus ein Bauernmädchen der Gegend, so kommentiert der Erzähler, sei in der Großstadt als Kammerzofe in Dienst getreten, habe als Kellnerin und in einem „eleganten öffentlichen Hause" gearbeitet und sei schließlich wieder in der Provinz angekommen. Sie betone, dass sie die große Welt kenne, aber auf alles pfeife, was ihr bei den Bauernsöhnen zu Ansehen verhelfe, wenngleich in der Öffentlichkeit Verachtung dokumentiert werde. Den vornehmen jungen Herrn des Konvikts gegenüber benehme sie sich abweisend. Während Beineberg auf Boženas Bett Platz nimmt, nimmt Törleß Distanz ein, obwohl er ihren Anblick bereits beim Betreten des Raums „mit begierigen Augen" in sich aufnimmt. Törleß besucht Božena regelmäßig an den Sonntagabenden, widerwillig zwar und angstvoll, doch ist die Verlockung zu groß. Von seiner bevorzugten Stellung aus sich in ihre gesellschaftlichen Niederungen zu begeben, ist ihm ein Reiz, den er gern genießt. Er kann Božena zwar nicht lieben, sie vermag auch nicht „alles in ihm auszulösen", doch weckt sie sein beginnendes Verlangen.

Törleß' sonntägliche Besuche

Dass sie offensichtlich bei Beinebergs Tante in Dienst gestanden hat, nimmt sie zum Anlass, von dessen Mutter zu erzählen, die schön und begehrt gewesen sei. Der Cousin seiner Mutter habe ihr den Hof gemacht, sei aber sonntags ihr, Božena, „nachgestiegen", so berichtet sie mit vielsagenden Anspielungen und erhebt sich über die Moral der feinen Gesellschaft. Törleß fühlt sich ihren „gemeinen Anspielungen" ausgeliefert und sieht in Beinebergs Mutter seine eigene. Erinnerungen an seine vornehme Kindheit steigen in ihm auf und Scham angesichts seiner Erniedrigung durch Božena. Er fragt sich, wie Božena, die für ihn nicht mehr ist als „ein Knäuel aller geschlechtlichen Begehrlichkeiten", an seine Mutter heranrücken könne, die er bisher in „wolkenloser Entfernung" von ihr gesehen habe. Plötzlich wird ihm deutlich, dass er, während er Boženas Anblick begierig in sich aufsaugt, seine Mutter nicht vergessen kann, und er wird diesen Gedanken nicht los.

Božena erzählt von Beinebergs Mutter

Ein Blick durchs Fenster auf die Wolken und den Mond beruhigt ihn, lenkt ihn ab von Boženas rotem Unterrock und Beinebergs anzüglichem Verhalten, und Erinnerungen an nächtliche Parkspaziergänge seiner Eltern werden wach. Ob ihre Gefühle Liebe gewesen seien, fragt er sich, da er sich Liebe bei erwachsenen Menschen wie seinen Eltern nicht vorstellen kann. Da fällt ihm ein „eigentümliches Lachen" seiner Mutter an der Seite seines Vaters ein, und er ahnt, dass auch von ihnen ein Weg in seine Welt herüberführt. Im Gespräch zwischen Božena und Beineberg wird nun der Mitschüler Basini erwähnt. Er erzähle ihr nur für teures Geld Geschichten, berichtet

Nachdenken über Liebesleben der Eltern

Basini kommt ins Gespräch

Božena, renommiere mit Liebschaften und stelle sich als Genussmensch dar. Auf die Frage, ob er sich vor seiner Mutter nicht schäme, habe er geantwortet, er lasse sie zu Hause zurück. Dies aktiviert bei Törleß erneut die Erinnerung an seine Eltern, bei der er einerseits Scham empfindet, andererseits jetzt aber zu der Erkenntnis kommt, dass seine Eltern „geheime Mitspieler" sind und dass sie „es" auch tun. Als Božena auf ihn zukommt, ihn zärtlich berührt und Beineberg spöttisch fragt, ob er Heimweh nach seiner Mutter habe, verschlägt es ihm die Sprache, und er fühlt sich allein.

Sexualität auch bei den Eltern

Kapitel 4, S. 49–69

Basini als Dieb entlarvt

Als Törleß und Beineberg ins Konvikt zurückkommen, überrascht Reiting sie mit der Nachricht, er wisse, wer in den letzten Wochen Beineberg und auch anderen Zöglingen Geld gestohlen habe. Törleß erschrickt, als er den Namen Basini aus den Andeutungen Beinebergs erschließt, und erinnert sich an die Erzählungen Boženas. Auf Vorschlag Reitings hin steigen sie hinauf in ihr Versteck. Der Weg führt vom zweiten Stock, dem Naturalienkabinett und der Lehrmittelsammlung, über eine schmale Treppe auf den Dachboden, von dort durch ein Gewirr alter Theaterkulissen zu einem schlauchartigen Durchgang, der nach einer Tür in einen kleinen, abenteuerlich aussehenden Raum führt. Er ist mit „blutrotem Fahnenstoff" ausgekleidet, der Fußboden mit Wolldecken belegt, Kisten dienen als Sitze, und hinter einem Vorhang befindet sich ein groß bemessener Schlafplatz. Törleß liebt weder die Kammer noch die Heimlichkeit, möchte aber hinter Reiting und Beineberg nicht zurückstehen. Es reizt ihn auch das Ungewöhnliche, zumal er weiß, dass die beiden auch über weitere Verstecke verfügen, in die sie sich zurückziehen und in denen Reiting seine Pläne schmiedet. Dabei gebärdet sich Reiting wie ein Tyrann, der die Menschen gegeneinander ausspielt, auch schon einen Machtkampf gegen Beineberg gewonnen hat. Törleß fühlt sich ihnen gegenüber unterlegen, er ist zwar ein differenzierterer Denker und Planer, der „geheime Generalstabschef", doch fehlt im die Entschlusskraft. Er ist eher ein Spielender und fühlt sich in einem Zwiespalt zwischen zwei Welten, der „solid bürgerlichen" und der „abenteuerli-

Auf Geheimwegen in die rote Kammer

Törleß zwischen den Welten

chen". Reiting berichtet, Basini habe ihm Geld geschuldet, das er auch nach häufigen Anmahnungen nicht hätte zurückzahlen können. Aus seinen Nachforschungen sei hervorgegangen, dass Basini auch bei anderen Kameraden Schulden habe, die durch seine zu erwartenden Geldbeträge nicht gedeckt seien. Reiting habe ihm daraufhin ein Ultimatum gestellt, das er nur unter der Bedingung überschreiten könne, dass er ihm „in blindem Gehorsam" folge. Als Basini am nächsten Tag mit Geld erschienen sei, habe er ihm auf dem Kopf zu gesagt, dass es aus Beinebergs Schublade gestohlen sei. Basini habe sich zunächst gequält verteidigt, geweint, um Gnade gebeten und sich schließlich „zum Sklaven" angeboten. Mit der Frage, was nun zu tun sei, schließt Reiting seinen Bericht. Törleß nimmt den Bericht mit wirren Gefühlen auf und glaubt zu spüren, dass von Basinis plötzlichem Sturz eine Bedrohung für ihn ausgehe. Er erkennt zum ersten Mal, dass sich von der ihm bekannten Welt ein Tor zu einer „dumpfen", „leidenschaftlichen" Welt öffnen kann. Mit einer Entschlossenheit, die er selbst nicht wirklich empfindet, ergreift er das Wort und antwortet, Basini sei ein Dieb, müsse angezeigt und vom Konvikt entfernt werden. Ein Mensch, der gestohlen habe, könne nicht mehr zur gleichen Gesellschaft gehören wie sie selbst. Reiting entgegnet, es gäbe nicht nur eine Gesellschaft, Basini sei in ihrer Hand, man könne mit ihm verfahren, wie man wolle, Törleß sei ein Idealist. Da sich Beineberg indifferent äußert, wird beschlossen, Basini „unter Kuratel" zu stellen, ihn zu beaufsichtigen. Törleß ist durch den Gedanken, mit Basini täglich Kontakt zu haben, „wie gelähmt". Da die Entscheidung gefallen ist, spürt Törleß eine beginnende Neugier und eine Lust, „in die Gebilde dieser Finsternis hineinzustarren". Dass Basini in Törleß' Leben noch bedeutungsvoll werde, deutet der Erzähler hier erstmalig an.

Hintergründe von Basinis Diebstahl

Törleß' strenges Urteil

Basini unter Kuratel, Törleß „wie gelähmt"

Kapitel 5, S. 69 – 70

In einer feierlichen Zeremonie teilen Törleß, Reiting und Beineberg Basini mit, dass er seine „Existenz verscherzt" habe und unter Kuratel gestellt sei. Basini zeigt keine Reaktion, Törleß findet die Zeremonie „abwechselnd sehr geschmacklos und sehr bedeutend".

Feierliche Urteilsverkündung

Kapitel 6, S. 70–74

Basinis
moralische
Minderwertigkeit

Basini, der sich verhält, als sei nichts geschehen, ist zwar größer als Törleß, wird aber als „schwächlich" und „weibisch" beschrieben, als sportlich wenig leistungsfähig, dafür aber „kokett". Zu Božena habe ihn keine echte Begierde getrieben, sondern das Bedürfnis, auf galante Abenteuer blicken zu können, am liebsten aus der Erinnerung. Sein Lügen und Renommieren aus purer Eitelkeit habe den Spott der anderen herausgefordert, er sei, so der Erzähler, moralisch minderwertig und geistig schlicht.

Brief an
die Eltern mit
enttäuschender
Antwort

Um von seinen Eltern eine moralische Unterstützung zu erhalten, schildert Törleß ihnen in einem Brief Basinis Verfehlungen und seinen ursprünglichen Vorschlag, ihn anzuzeigen und damit seine Ausweisung zu erwirken. Zu seiner Überraschung sprechen sich seine Eltern in ihrer Antwort für Milde und Nachsichtigkeit aus. Er zerreißt ihren Brief, wenngleich es auch Momente gibt, in denen er selbst Basinis Verhalten ambivalent bewertet.

Kapitel 7, S. 74–86

Reitings
falsches Spiel

Eines Nachts wird Törleß von Beineberg geweckt und aufgefordert, mit ihm in die Kammer auf dem Dachboden zu gehen. Dort erfährt er, dass Reiting ihn und Beineberg betrüge. Reiting habe Basini Geld gegeben, damit er Beineberg auszahlen könne. Mit Verweis auf eine frühere Skandalgeschichte im Konvikt gibt Beineberg indirekt zu verstehen, dass Reiting Basini nun nötige, ihm sexuell zu Willen zu sein. Als Törleß betroffen nach weiteren Einzelheiten fragt und erfährt, dass Beineberg sie in der Kammer heimlich beobachtet habe, steigen wirre Fantasien in ihm auf, und seine Stimme „vibriert".

Beinebergs
Pläne zur
Bestrafung
Basinis

Gelassen enthüllt Beineberg seine Pläne: Basini bedeute nichts auf dieser Welt, man könne ihn auch aus reinem Vergnügen „zu Tode martern". Die Weltseele wolle offensichtlich nicht, dass er erhalten bleibe, denn sie schütze ihn nicht, sie habe ihn verlassen. Reitings Schicksal hingegen sei ihm nicht gleichgültig, der habe ihn gehasst, aus dem Besitz dieses Geheimnisses könne er jetzt etwas machen. Dass Reiting in Gefahr ist, erschreckt Törleß, und er setzt sich für ihn ein, nicht zuletzt wegen seines heimlichen Widerwillens gegen Beineberg. Beineberg lenkt auf Basini zurück und schlägt vor, ihn selbst zu strafen. Da er in seinem Leben etwas vorhabe, brauche er Menschenkenntnis und wolle an Basini lernen. Er habe im Sinn, ihn zu quälen. Törleß könne sich davon zurückziehen, wenn er keine inneren Gründe habe, ihn zu strafen, denn eine Argumentation mit Moral und Gesellschaft zähle nicht. Beineberg wolle Basini ganz in der Hand haben, wie ein „Werkzeug" behandeln und wolle herrschen. Zwar räumt Beineberg ein, dass Basini auch ein Mensch sei, aber für ihn seien nur diejenigen wahre Menschen, die „in sich selbst eindringen" könnten. In seiner Vorstellung gebe es Menschen, die die menschlichen Gesetze beeinflussen könnten. Wer seine Seele ganz zu schauen vermöge, für den löse sich „sein körperliches Leben", und er gehe in ein „höheres Reich der Seelen" ein. Törleß fühlt sich wie von einer Schlinge eingeengt, spürt aber auch einen erregenden Reiz. Ihm wird deutlich, dass er von Basini nicht lassen kann, dass der für ihn eine „bereits unklar erkannte Rolle" spielen werde.

Beinebergs Bild vom wahren Menschen

Kapitel 8, S. 86 – 93

Törleß ist in der Folgezeit innerlich mit sich und Basini beschäftigt, Božena wird ihm gleichgültig. Bei einem Mittagsspaziergang im Park legt er sich auf eine Wiese und blickt in den Himmel. Als über ihm ein kleines blaues Loch zwischen den Wolken aufleuchtet, erschrickt er angesichts der Erkenntnis, wie fern der Himmel ist. So denkt er über das Unendliche nach, ein Wort, das er zwar aus dem Mathematikunterricht kennt, das ihm aber wenig sagt. Es beunruhigt ihn, weil es über seinen Verstand geht. Er schließt seine Augen.

Erfahrung des Unendlichen

Es tauchen Erinnerungen an bedeutsame Situationen auf, und er spürt eine „ungeheure" Verwirrung. Es wird ihm bewusst, dass „Dinge, Vorgänge und Menschen" zwar an harmlose Worte „gefesselt" sind, ihm plötzlich aber, von den Worten losgerissen, fremd vorkommen. Fragmentarisch fallen ihm Situationen ein, die er ohne Fragen erlebt, aber nicht in Worte gefasst zu seinem Besitz machen kann.

Dinge an Worte gefesselt

Er deutet dies als ein ihn quälendes „Versagen der Worte", die für ihn nur „zufällige Ausflüchte" für die Empfindungen sind. So sucht er rastlos nach einer Brücke

Versagen der Worte

zwischen sich selbst und dem, was wortlos vor ihm steht. Aber alle Versuche, einen „Vergleich zu finden", enden in dem Gefühl zu lügen, und er fühlt sich wie jemand, der einen „endlosen Knoten" zu lösen versucht. Beim Anblick der grauen Mauer des Parks hat er den Eindruck, sie beuge sich über ihn und schaue ihn an. Das gelegentliche Rieseln des verwitternden Mauerwerks und der eigene Herzschlag bleiben ihm als „das einzig Lebendige".

Kapitel 9, S. 93 – 95

Abgesprochener Plan zur Bestrafung Basinis

Törleß erfährt, dass Beineberg mit Reiting bereits abgesprochen hat, wie mit Basini weiter zu verfahren ist, worauf Törleß mit Zorn und Eifersucht reagiert. Seinem halbherzigen Versuch, Reiting wegen seiner heimlichen Beziehung mit Basini zur Rede zu stellen, weicht Reiting aus. Er teilt Törleß und Beineberg aber mit, dass Basini ihn erneut um Geld gebeten habe, woraufhin sie beschließen, Basini in der Nacht auf den Dachboden zu bestellen. Als Reiting und Beineberg sich zu einem Spaziergang verabschieden, fühlt Törleß sich ausgeschlossen. Er versucht sich vorzustellen, mit welcher Intensität der Gefühle Reiting und Basini ihr nächtliches Beisammensein empfunden haben könnten.

Kapitel 10, S. 95 – 105

Törleß, Reiting und Beineberg schleichen sich auf den Dachboden und warten in einer durch die Hitze und das Gewirr der Balken beklemmenden Atmosphäre auf Basini.

Schließlich erscheint Basini, „lieblich" und „süßlich" lächelnd. Als zu Beginn des Tribunals Basini sich Hilfe heischend zu Reiting wendet, streckt ihn dieser mit einem Faustschlag nieder. Törleß hört, wie Reiting und Beineberg Basini die Kleider vom Leib reißen und ihn, der um Schonung fleht, auspeitschen. Eine „viehische Lust", sich zu beteiligen, packt Törleß zunächst, doch hält er sich schließlich zurück, weil er sich überflüssig vorkommt. Er lässt sich auf den Boden fallen, presst den Körper auf die Dielen, Schwindel ergreift ihn, Schweiß bricht ihm aus, und er erkennt mit Befremden und Scham, dass er

Basini wird zum Opfer

Törleß sexuell erregt

sich in einem Zustand „geschlechtlicher Erregung befindet". Visionen stellen sich ein, und das Licht der Laterne wird für ihn wie ein Auge zu einer fremden Welt.

Törleß ist nun derjenige, der Basini auffordert zu sagen, er sei ein Dieb. Reiting und Beineberg zwingen Basini dazu, den Satz in unterschiedlichen Varianten nachzusagen, und loben Törleß für seinen guten Einfall. Törleß selbst empfindet Ekel und Scham.

Törleß wird selbst zum Täter

Da die Schule eine Vorbereitung auf das Leben sein soll, erwartet Törleß von ihr auch Antworten auf seine Fragen. So beginnt er nach der nächsten Mathematikstunde mit Beineberg ein Gespräch über die imaginären Zahlen. Imaginäre Zahlen könnten gar nicht existieren, argumentiert Törleß, denn die Quadratwurzel von etwas Negativem könne keine wirkliche Zahl ergeben. Darum sei sie nur ein imaginäres Resultat, hält Beineberg dagegen und zieht einen Vergleich zu den irrationalen Zahlen und dem Axiom, dass sich Parallelen im Unendlichen schneiden. Unverständlich bleibt für Törleß, dass man mit solchen Zahlen so rechnen könne, dass am Ende ein „greifbares Resultat" herauskomme. Eine solche Rechnung habe für ihn etwas „Schwindliges", die Kraft, die in ihr stecke, sei ihm unheimlich. Beineberg räumt ein, die Mathematiker könnten dabei auch über ihre eigenen Füße gestolpert sein, aber eigentlich halte er diese Fragen für nutzlos.

Gespräch mit Beineberg über imaginäre Zahlen

Kapitel 12, S. 105 – 110

Tags drauf steigt Törleß die Treppe zur kleinen „Professorswohnung" seines Mathematiklehrers hoch. Nicht sehr groß ist seine Hoffnung, Antworten auf seine Fragen zu erhalten, doch treibt ihn auch die Neugierde, wie das Leben eines „wissenden und doch ruhigen Menschen" aussehe. Bereits der Anblick des biederen Arbeitszimmers weckt „Mißbehagen", ebenso wie die „gezierte", aber wenig gepflegte Kleidung seines Lehrers, der sich hinter seinen Schreibtisch geflüchtet hat. Die Gewöhnlichkeit der ganzen Umgebung stößt Törleß ab und verletzt ihn, seine Erwartungen sinken. Unergiebig verläuft auch das Gespräch. Der Professor versucht nicht ernsthaft, Törleß zu verstehen, verdeutlicht ihm vielmehr seinen begrenzten Erkenntnishorizont und hält seine

Besuch beim Mathematiklehrer

Biederkeit der Umgebung

Misslingen des Gesprächs

eigene Wissenschaft hoch. Abschließend zeigt er Törleß einen „Renommierband" des Philosophen Kant, gibt ihm aber zu verstehen, dass diese Lektüre für ihn noch zu schwer sei.

Kapitel 13, S. 110–113

Neue Impulse durch Kant

Von der Begegnung mit Kant ist Törleß noch lange beeindruckt, der Name ist ihm bekannt und auch das Ansehen seiner Schriften als „letztes Wort der Philosophie". Er glaubt, Kant habe alle Probleme der Philosophie gelöst, wie auch nach Schiller und Goethe nichts Lohnenswertes mehr geschrieben werden könne. Im Arbeitszimmer seines Vater sind Kants Schriften wie das „Heiligtum einer Gottheit" in einem selten geöffneten Schrank gestanden. So hat sich Törleß auch nur gelegentlich und verschämt seinen ursprünglichen philosophischen und poetischen Neigungen zugewandt, und seine Mitschüler haben einen größeren Einfluss auf ihn gewonnen. Nun erhält Törleß neue Impulse, holt seine alten poetischen Versuche hervor, zerreißt sie, wirft sie ins Feuer und nimmt sich vor, nach vorn zu blicken. Befreit mischt er sich unter seine Kameraden im Bewusstsein, jetzt Klarheit zu gewinnen.

Kant als „Heiligtum"

Kapitel 14, S. 113–118

Unverständnis und Enttäuschung bei der Kant-Lektüre

Am nächsten Morgen kauft sich Törleß den bei seinem Mathematiklehrer gesehenen Band aus Kants Schriften in einer Reclam-Ausgabe, doch bricht er die Lektüre nach drei Seiten enttäuscht ab. Die Klammern, Fußnoten und Sätze drehen ihm das Gehirn aus dem Kopf, ein Verständnis stellt sich nicht ein. Da spricht ihn Beineberg auf den Besuch beim Professor an. Törleß berichtet von dessen überheblicher Art, auf seine Fragen gar nicht erst einzugehen. Beineberg vertritt die Ansicht, jemand wie der Professor könne seine Geschichten den Menschen erst dann „aufreden", wenn er sie langsam „mürbe gemacht" und sie sich an die Lehren gewöhnt hätten. Törleß hält Beinebergs Argumentation für übertrieben, räumt aber zugleich ein, dass die Vorstellung des Irrationalen, Imaginären und des Sich-Schneidens der Parallelen im Unendlichen ihn aufrege und betäube, und er erwähnt kurz seine Erfahrung des Unendlichen beim Anblick des Himmels im Park des Konvikts. Beineberg erregt sich und behauptet, die Menschen begnügten sich bei ihrer Deutung der Welt mit Täuschung und Schwindel. Törleß traue sich auch nur, den Kopf ein wenig zu schütteln und sich ein wenig zu entsetzen. Als Beineberg Basini ins Spiel bringt, wehrt sich Törleß energisch und duldet keine Vermischung der Themen. Er greift Beineberg an, wirft ihm Anmaßung vor und grenzt sich deutlich ab. Hinter seinen mathematischen Problemen suche er, Törleß, nichts Übernatürliches, sondern gerade das Natürliche, das er nicht verstehe. Nach dem Gespräch zittert Törleß vor Aufregung.

Beineberg über den Schwindel der Gelehrten

Törleß' Suche des Natürlichen

Kapitel 15, S. 118 – 124

Während alle im Schlafsaal ruhig atmen, liegt Törleß wach. Die Frage, ob er diesmal Beineberg argumentativ überlegen gewesen sei, kreist unaufhörlich in seinem Kopf. Schließlich beginnt er zu träumen. Seine Eltern tauchen auf als „kleine, wackelnde Figürchen", Beineberg läuft mit langen Schritten vorbei. Ein altertümlich gekleideter kleiner Mann, in dem Törleß schließlich den Philosophen Kant erkennt, schleppt ein schweres Buch, in dem er blättert, der Mathematiklehrer gibt für die Lektüre des Buchs unsinnige Anweisungen, für die Kant ihn streichelt. Dann erwacht Törleß, erinnert sich daran, dass er sich als Kind danach gesehnt habe, ein Mädchen zu sein, und spürt dieses Gefühl wieder in sich aufsteigen. Dass niemand ihm seine Sinnlichkeit nehmen könne, dass sie ihn gegen „fremde Klugheit" schütze, begreift er nun. Da beginnt der kleine Kant aus seiner Traumvision in seiner Vorstellung zu wachsen, und er erkennt schmerzhaft, dass er auch weiterhin vor einem „verschlossenen Tor" stehen müsse. Beim Einschlafen fühlt er eine Sinnlichkeit, die in einer „sehr nachdrücklichen Weise" mit Basini verknüpft ist.

Bearbeitung der Erlebnisse im Traum

Kants Welt verschlossen – sinnliche Nähe zu Basini

Kapitel 16, S. 124 – 131

Am nächsten Abend sitzt Törleß mit einem neu gekauften Heft im Klassenraum, um unter dem Titel „De natura hominum", „Über die Natur der Menschen", seine jüngs-

Schriftliche Aufarbeitung der Erfahrungen

ten Erfahrungen zu ordnen und niederzuschreiben. Die alltäglichsten, unscheinbarsten Dinge würden ihn befremden, so stellt er fest, und dieses Befremden errege in ihm „unzüchtige Gedanken". Etwas an den Dingen wirke auf ihn, als wolle es zu ihm sprechen, ohne dass er die Sprache verstünde. Die Welt sei für ihn „voll lautloser Stimmen". Aber auch die Menschen erschienen ihm manchmal wie in einem Traum. Als er schreibt, die Veränderungen hätten mit Basini begonnen, blickt er nach vorn, wo Basini über ein Buch vertieft sitzt. Er

Gefühle beim Anblick Basinis

führt sich Basinis Erniedrigungen vor Augen, und diese Vorstellung erregt in ihm Schwindelgefühle, ein „Erdbeben ganz tief am Grunde". Kein plastisches Bild Basinis kann er in sich festhalten, nur Illusionen einer Vision, die sogleich wieder verschwindet. Dies müsse, so meint Törleß, mit seiner Eigenschaft zusammenhängen, von den Dingen „wie von hundert schweigenden, fragenden Augen" überfallen zu werden. Törleß kann sich vom Anblick Basinis kaum trennen, gerät in einen Zustand seelischen Fiebers, bei dem auch Zärtlichkeit mitschwingt.

Erinnerung an frühe Erfahrung mit der Kunst

Er erinnert sich daran, wie er als Kind vom Gasthof einer italienischen Kleinstadt aus Abend für Abend eine Oper gehört und sich in eine Schauspielerin verliebt hat, ohne sie zu verstehen oder gesehen zu haben. Erschrocken fragt sich Törleß, ob es ein allgemeines Gesetz sei, dass der Mensch etwas in sich habe, das größer und leidenschaftlicher sei als er selbst und über ihn hinauswachse, eine Frage, die er bejaht. Wie ein „Auserwählter" kommt sich Törleß jetzt vor und notiert seine Erkenntnisse, ehe seine Inspiration erlischt.

Kapitel 17, S. 131–133

Törleß zwischen Kant und Basini

Die Episode mit Kant ist schon fast vergessen, Törleß glaubt, selbst alle Rätsel lösen zu können, doch bleibt er letztlich ratlos und findet nicht zu sich zurück. Häufig beobachtet er Basini und lebt in dem Bewusstsein, dass er bald klarer sehen werde. Nachts aber überkommt ihn der Zweifel, ob die Kant-Lektüre nicht doch einiges

Erotischer Reiz Basinis

erklärt hätte. Dann wiederum spürt er auch den erotischen Reiz, der von Basini ausgeht, und seine Sinnlichkeit erstickt alle Gedanken. Nach Mitternacht scheint es ihm, als stünde jemand aus Reitings und Beinebergs

Richtung auf, ginge an Basinis Bett und verließe mit ihm den Raum.

Kapitel 18, S. 133–136

Durch ein Wochenende und zwei Feiertage kommt eine viertägige Ferienzeit zusammen, die von den meisten Schülern, auch von Beineberg und Reiting, für Heimreisen oder Aufenthalte in nahe gelegenen Gütern genutzt wird. Aus Törleß' Klasse bleiben nur er und Basini in dem fast verlassenen Konvikt zurück. Am Nachmittag sitzen Basini und Törleß im Klassenzimmer, Törleß nimmt sich erneut das „gewisse Buch" vor und beabsichtigt, abwechselnd lesend und seinen Blick in Basini „hineinsenkend" die Wahrheiten zu finden, ohne das Leben zu vergessen. Doch die Zeit wird ihm lang, die Dämmerung bricht herein, und er muss sich beherrschen, Basini vor dem Verlassen des Zimmers nicht anzusprechen.

Mit Basini allein im Klassenzimmer

Wahrheit oder Lebendigkeit

Kapitel 19, S. 136–151

In der Nacht überkommt Törleß eine „mörderische Sinnlichkeit", von der ihn schließlich der Schlaf befreit. Der nächste Tag vergeht wie der vorige, in der Nacht aber empfindet Törleß den „triebhaften Wunsch", zu Basini zu gehen, doch sein Wille ist zunächst noch nicht stark genug, den Wunsch in die Tat umzusetzen. In dieser Anspannung wird ihm bewusst, dass er gar nicht weiß, welches Ziel er mit seiner „Grausamkeit und Sinnlichkeit" verfolgt. Schließlich treibt ihn jedoch ein „physischer Zwang" wie „mechanisch" zu Basinis Bett.

„Ohne Besinnen" weckt er Basini, der aufsteht, die Schlüssel unter seinem Kopfkissen ergreift und mit Törleß zur Kammer auf dem Dachboden steigt. Kurz darauf steht Basini nackt vor ihm, und beim Anblick des mädchenhaften, schlanken Körpers werden seine Gefühle entfacht, er erahnt, was Schönheit und Kunst bedeuten. Mit Scham und Empörung wird sich Törleß jedoch bewusst, dass Basini ein Mann ist. Warum er sich ausgezogen habe und was er von ihm wolle, herrscht Törleß ihn an. Weil die anderen es so verlangt hätten, entgegnet Basini sichtlich gequält, wenn er ihnen zu Willen sei, werde ihm alles verziehen. Eine solche Zusage über sei-

Törleß' Kampf mit sich selbst

Mit Basini in die rote Kammer

Inquisitorisches Fragen

nen Kopf hinweg empört und erschreckt Törleß, er fühlt sich ausgeschlossen, bedroht und unterlegen, zumal Basinis Worten zu entnehmen ist, dass Reiting und Beineberg ihn, Törleß, in der Hand hätten. Törleß forscht weiter nach, was Basini und Beineberg mit ihm anstellen, und erfährt, dass Reiting ihn aus Geschichtsbüchern vorlesen lasse, zärtlich zu ihm sei, ihn danach aber auch schlage. Beineberg wolle seine sündige Seele reinigen. Dazu müsse Basini in ein geschliffenes Glas schauen, Beineberg stelle die Füße auf seinen Körper, befehle im zu bellen wie ein Hund und zu grunzen wie ein Schwein, da er vielleicht früher mal ein solches Tier gewesen sei. Um zu sehen, wie er reagiere, habe Beineberg ihn auch mit einer Nadel gestochen. Dann verlange er „wie besessen" weitere „Dienste" von ihm. Unnachgiebig fragt Törleß, weshalb Basini habe stehlen können, was dabei in ihm vorgegangen sei, wie es gewesen sei, als Reiting das erste Mal „Dinge" von ihm verlangt habe und ob da nicht ein Riss durch sein „ganzes Wesen" gegangen sei. Dann muss sich Basini vor ihm auf den Boden legen und den Kopf in den Staub drücken. Er könne von ihm jetzt alles verlangen, was auch die anderen fordern, ihn dabei auch noch seufzend seine Mutter anreden lassen, doch er wolle nicht. Erneut möchte Törleß von Basini wissen, ob angesichts der Demütigungen nicht sein Selbstbild zerstört würde, doch Basini versteht ihn nicht, reagiert gequält und setzt dagegen, Törleß hätte sich genauso verhalten wie er. Da kommt Törleß zu der Erkenntnis, dass sich auch in ihm sein Gefühl von allem Fragwürdigem abgespalten habe, wie es bei Basini geschehen sei. Er erinnert sich daran, dass das erste Zusammensein mit Reiting und Beineberg in der Kammer auch ein „Sprung" in etwas Düsteres gewesen sei. Als Basini merkt, dass Törleß nicht mehr bei der Sache ist, schleicht er sich still davon. Törleß versucht, sich auf den Punkt, den „Sprung" zu konzentrieren, mit dem der „Wechsel der inneren Perspektive" stattgefunden habe. Seine Nachforschungen gipfeln schließlich in dem Gedanken, dass das, was von ferne so groß und geheimnisvoll daherkomme, von nah besehen in „natürlichen, alltäglichen Proportionen" erscheine.

Kapitel 20, S. 151–153

Mit der Vorstellung von Basinis Körper, seiner leuchtenden Haut, schläft Törleß ein und wacht auf, als Basini an seinem Bett sitzt, sich entkleidet und an seinen Körper anschmiegt. Törleß versucht ihn abzuweisen, doch Basini überwältigt ihn mit Schmeicheleien und Liebesbeteuerungen. Sich einzureden, Basini wolle ihn betrügen, ihn zu sich herabziehen, misslingt, und Törleß findet nicht mehr „zu sich selbst" zurück. Er überlässt sich ganz seiner Sinnlichkeit. Als es ihn „fortreißt", hält er sich verzweifelt an dem Gedanken fest, dass er jetzt nicht er selbst sei.

Sexuelle Verführung durch Basini

Kapitel 21, S. 153–162

Törleß empfindet Scham, weniger wegen der Verführung durch Basini, sondern weil er Gefühle der Zärtlichkeit ihm gegenüber nicht abwehren kann. Es kommt zu häufigeren „Zusammenkünften" in versteckten Winkeln, doch nachts quält ihn die Eifersucht. Beineberg und Reiting geben sich verschlossen und desinteressiert; wenn sie erneute Treffen mit Basini vorschlagen, verhält Törleß sich abweisend. Deutlich mischt sich hier der Erzähler ein und beteuert, dass Basini in Törleß kein „wirkliches Begehren" erregt habe, es habe sich vielmehr in ihm ein zielloser „Hunger über Basini hinaus" entwickelt.

Quälende Zusammenkünfte

Törleß' Gefühle für Basini seien nur der „Schein einer Neigung" gewesen, der auch von der Reinheit eines jungen Mädchens habe ausgehen können, eine ziellose „melancholische Sinnlichkeit des Heranreifenden". Die Schönheit Basinis statt der Hässlichkeit Božemas habe Törleß ein „Tor zum Leben" geöffnet, das habe er für Liebe gehalten.

Deutung von Törleß' Verwirrungen durch den Erzähler

Eine Unsicherheit und Unruhe ergreift Törleß nun, seine zärtlichen Gefühle gegenüber Basini schlagen in Abscheu um, und seine Mitmenschen verdächtigt er der „ärgsten Dinge". Er erwacht wie aus einer Agonie, nach den erniedrigenden, entwürdigenden Begegnungen mit Basini überkommt ihn das Gefühl einer „leidenden Feinheit". Visionen von galanten Festen und wilden, berauschenden Ausschweifungen stellen sich jetzt ein.

Wechsel der Gefühle

Törleß sei später, so berichtet der Erzähler in einem Ausblick auf sein Leben, zu einer jener „ästhetisch-intel-

Blick auf den gereiften Törleß

lektuellen Naturen" geworden, die zwar die moralische Ordnung der Gesellschaft billigten, sich für ihren Erhalt aber nicht engagieren könnten. Da ihn als schöngeistigen Menschen moralische Verstöße gleichgültig ließen, habe er das Geschehene auch nie bereut. Törleß habe die Ansicht vertreten, dass die Erniedrigungen während der Jugend zwar eine „kleine Menge Giftes" im Menschen zurückließen, diese aber nötig seien, um der Seele eine „feine, zugeschärfte, verstehende" Gesundheit zu verleihen. In der Zeit danach habe ihn allerdings gelegentlich noch eine Hoffnungslosigkeit und eine „müde, zukunftslose Beschämung" ergriffen. Es habe hinter den Mauern eines Internats, so deutet der Erzähler Törleß' Verwirrungen, ein gewisses Maß an Ausschweifungen als männlich gegolten, als „Inbesitznehmen vorenthaltener Vergnügungen". Moralische Ermahnungen hätten angesichts der verkümmerten Erscheinung der meisten Lehrer lächerlich gewirkt. Törleß sei naiv gewesen, habe noch nicht über eine „ethische Widerstandskraft" verfügt, sein Handeln sei nicht von Perversität, sondern von vorübergehender Ziellosigkeit geprägt gewesen. Schließlich habe Törleß einer weiteren Entscheidung über Basinis Schicksal keinen Widerstand mehr entgegengesetzt.

Jugendliche Ziellosigkeit statt Perversion

Kapitel 22, S. 163 – 169

Reitings Palette der Demütigungen

Beim nächsten Treffen in der roten Kammer eröffnet Reiting das Gespräch. Da sich Basini offensichtlich mit seiner Situation abgefunden habe und schon vertraulich werde, müsse er weiter gedemütigt werden. Man könne ihn auspeitschen und ihn dazu Psalmen singen lassen, ihn zwingen, bei Božena Briefe seiner Mutter vorzulesen, oder ihn der Klasse ausliefern. Er, Reiting, habe „Massenbewegungen" gern, da keiner etwas tun wolle und doch die Wellen hochschlügen. Als Törleß zögerlich reagiert, bemerkt Reiting, Beineberg habe mit Basini dasselbe getan wie er. Beineberg enthüllt daraufhin nach Löschen der Lampe seinen Plan, wie man mit Basini systematischer verfahren könne. Er setzt an Törleß' Beobachtung an, dass das Denken keinen „sicheren Boden" habe, sondern über Abgründe hinwegführe. Der Mensch könne damit nur deshalb leben, weil er ein sicheres Gefühl entwickelt habe. Dies lege die Existenz einer Seele nahe.

Beinebergs Seelenlehre

Mit dieser Seele wieder in Kontakt zu treten, sei dem Menschen ein Bedürfnis. Törleß ist skeptisch und entgegnet, solche Ideen würde Beineberg bei Licht und in Anwesenheit der Mitschüler so nicht aussprechen, und fordert Erklärungen. Da rückt Beineberg mit seinem Plan raus, Basini nach einer eigenen, möglicherweise schon im Mittelalter praktizierten Methode hypnotisieren zu wollen. Es könne jeder machen, was er wolle, entgegnet Törleß, inzwischen merklich gefestigt, er warte ab, was dabei herauskomme.

Hypnose als Zugang zur Seele

Kapitel 23, S. 169 – 174

Beim vereinbarten Treffen auf dem Dachboden sind Törleß' Gefühle für Basini unter dem Eindruck der bevorstehenden Demütigung restlos erkaltet, dennoch ist er unsicher und verwirrt. Als sich Basini auf Befehl Beinebergs entkleidet hat, richtet Beineberg einen Revolver auf ihn und droht, ihn zu erschießen, wenn er Widerstand leiste. Er gibt ihm Anweisungen, wie er sich hinzuknien habe, und während Basinis Oberkörper zu pendeln scheint, entwickelt Beineberg seine Vorstellungen davon, wie Gedanken und Gefühle mit der menschlichen Seele zusammenhängen. Wenn man sich genau beobachte, entdecke man zwischen zwei Gedanken einen Augenblick, in dem alles schwarz sei. Das sei „geradezu der Tod". Der Mensch hüpfe über diese Sterbesekunden hinweg, müsse aber lernen, ruhig zu gleiten, dann sei er dem Tod ebenso nahe wie dem Leben. In suggestiver Form weist Beineberg Basini an, worauf er sich zu konzentrieren habe, und erläutert, was sich in ihm abspielen müsse. Als sich Basini jedoch nach vorn lehnen soll, weil nun sein Körper, von der Seele verlassen, in der Luft schweben könne, „poltert" Basinis Körper jedoch vornüber. Basini schreit vor Schmerz, Beineberg aus Wut über das misslungene Experiment, und er peitscht mit seinem Ledergurt „wie rasend" auf Basini ein. Angewidert von der Zeremonie verlässt Törleß den Dachboden.

Beinebergs Idee der schwarzen Augenblicke

Missglückte Hypnose

Kapitel 24, S. 174 – 179

Für Törleß ist dies der Abschluss seiner Beziehung zu Basini. Der aber wendet sich vier Tage später an Törleß

Törleß' letztes Treffen mit Basini

mit der Bitte, ihm zu helfen. Als Basini vor ihm auf die Knie fällt und Hilfe geradezu erfleht, bestellt er Basini, nicht ohne Skrupel, auf den Dachboden. Dort erklärt er dem äußerlich gezeichneten und innerlich gebrochenen Basini, dass er ihn für schlecht und feige halte, dass Basini die frühere Zuneigung verscherzt habe und Törleß nichts mehr für ihn empfinden könne. Als Törleß gehen will, reißt sich Basini die Kleider vom Leib, und Törleß nimmt mit Ekel die Striemen auf seinem Körper wahr. Da erscheint Reiting, wütend über das heimliche Treffen, doch ehe er Basini strafen kann, eröffnet ihm Törleß, dass er aus allem aussteige, ihn und Beineberg für „abgeschmackt roh" halte. Was sie betrieben, sei eine „gedankenlose, öde, ekelhafte Quälerei", und er beschimpft sie als „stumpfsinnige, widerwärtige, tierische Narren". Für einen Augenblick scheint es, als ob Reiting auf Törleß einschlagen wolle, doch dann lässt er ihn kommentarlos gehen. Törleß realisiert, dass er sich jetzt in Gefahr befindet.

Kapitel 25, S. 179 – 184

Zwei Tage später stellen Beineberg und Reiting Törleß zur Rede. Sie schlagen vor, dessen Beschimpfungen auf sich beruhen zu lassen, vorausgesetzt Törleß sei mit dabei, wenn Basini ein letztes Mal gedemütigt werde, ehe sie ihn am nächsten Tag der Klasse auslieferten. Trotz aller Drohungen weigert sich Törleß entschieden und beharrlich. Schließlich kündigen sie an, Törleß vor der Klasse zum Mitschuldigen Basinis zu erklären. Dann möge Basini ihn beschützen. Törleß wird klar, wie tief er Reiting und Beineberg verletzt hat, und fühlt sich durch die drohende Gefahr „in das Wirbeln der Wirklichkeit gezogen". Er denkt an die Geborgenheit seines Elternhauses, wünscht sich, den Turbulenzen zu entkommen, und sehnt sich nach dem Seelenzustand eines Gärtners, der ruhig und erwartungsvoll seine Beete gießt. Angst vor der Rache Reitings und Beinebergs überkommt ihn.

In dieser Situation fällt ihm eine Stelle aus dem alten Brief seiner Eltern ein. Darin raten sie ihm, auf Basini einzuwirken, sich zu stellen und damit den Zustand der Abhängigkeit zu beenden. Daraufhin schreibt Törleß Basini einen Zettel und teilt ihm mit, dass er am anderen Tag der Klasse ausgeliefert werden solle und dass er dem zuvorkommen müsse, indem er sich selbst dem Direktor ausliefere. Er solle Beineberg und Reiting beschuldigen, ihn, Törleß aber aus dem Spiel lassen.

Kapitel 26, S. 184 – 186

Tags darauf beobachtet Törleß, wie Reiting und Beineberg einzelne Mitschüler ansprechen, sich Gruppen bilden, schließlich ein bedrohliches Schweigen über der Klasse liegt. Am Nachmittag wird Basini vor die versammelte Klasse gerufen, muss sich entkleiden, und Reiting liest, von „Gebrülle" und „unflätigem Lachen" der Schüler begleitet, Briefe von Basinis Mutter vor. Zunächst wird Basini mit leichten Stößen hin und her geworfen, dann eskaliert die Brutalität, bis Basini schließlich „blutig, bestaubt, mit tierisch verglasten Augen" zusammenbricht. Törleß wird mit Schaudern bewusst, wie ernst auch seine Bedrohung ist. In der nächsten Nacht, so ist geplant, solle Basini mit Florettklingen durchgepeitscht werden.

Übergriff der Klasse auf Basini

Doch am folgenden Morgen erscheint der Direktor vor der Klasse, Basini wird in ein eigenes Zimmer gebracht, die Klasse erhält eine Strafpredigt. Offensichtlich ist Basini gewarnt worden und hat sich selbst gestellt.

Eingreifen des Direktors

Kapitel 27, S. 186 – 188

Törleß, den niemand verdächtigt, Basini informiert zu haben, der von Reiting und Beineberg auch nicht mehr ernsthaft bedroht ist, empfindet keine Reue. Gegenüber dem Gefühl der Befreiung, das er nun verspürt, wiegt für ihn das „Heimliche, Feige" seiner Handlungsweise nicht so schwer. Am Abend nimmt er sich sein Heft mit den begonnenen Aufzeichnungen vor und blättert darin. Seine Vergangenheit ist nun für ihn abgeschlossen, seine Seele hat „einen neuen Jahresring angesetzt". Panik ergreift Törleß jedoch, als er sich bewusst wird, dass er sein Verhalten gegenüber Basini vor den versammelten Lehrern rechtfertigen muss.

Schlussstrich unter die Vergangenheit

Verhör als „wohlverabredete Komödie"

Als die Schüler am nächsten Tag verhört werden, ist Törleß verschwunden. Reiting und Beineberg schieben alle Schuld auf Basini, Mitleid habe sie bewegt, ihn nicht einer Bestrafung auszusetzen, seine Misshandlung sei lediglich ein „Überschäumen" gewesen. So wird das Verhör eine „wohlverabredete Komödie". Basini schweigt und empfindet schon die Untersuchung als Erlösung.

Törleß' Vernehmung in der Wohnung des Direktors

Törleß wird in der Nachbarstadt aufgegriffen und ins Konvikt gebracht, seine Vernehmung findet „aus Diskretion" in der Privatwohnung des Direktors, in Anwesenheit des Klassenlehrers, des Mathematik- und Religionslehrers statt. Nun will Törleß die Gelegenheit ergreifen, seine Gedanken in dieser Runde zu erproben. Zwar versuchen die Lehrer, Törleß' zunächst noch unsicher formulierte, wirre Einlassungen in einen harmlosen Kontext einzubetten und das Gespräch zu verkürzen, doch Törleß weist alle Hilfestellungen zurück und insistiert auf seinem eigenen Gedankenfluss.

Törleß' Offenbarung seiner Erkenntnisse

Das Denken allein, so führt er aus, genüge nicht, es bedürfe auch einer „anderen, inneren Gewißheit", woraufhin der Religionslehrer ihm einen Gottesglauben unterstellt. Als der Direktor gereizt auf einem kurz gefassten Bericht besteht, ergreift Törleß eine „hochmütige Überlegenheit" gegenüber den verständnislosen Lehrern, und er spürt, dass er „klar, deutlich, siegesbewußt" von dem sprechen muss, was ihn bewegt. Hier

Die Wahrheit muss auch gefühlt werden

mischt sich der Erzähler kommentierend ein. Es gebe tote und lebendige Gedanken. Lebendig sei ein Gedanke noch nicht dadurch, dass er der Kausalität, der Logik entspreche. Es müsse etwas Nicht-Logisches hinzukommen, etwas aus dem „dunklen Boden des Innersten", man müsse die Wahrheit fühlen. Ohne Rücksicht auf seine Lehrer

Törleß' Ausführung über das Dunkle

führt Törleß aus, er sehe die Dinge wie die Gedanken „in zweierlei Gestalt", es gebe in ihm auch ein unbeachtetes Leben, etwas Dunkles, das sich mit Gedanken nicht erfassen ließe. Dieses „schweigende Leben" habe ihn bedrängt, und er habe unter der Angst gelitten, dass das ganze Leben so sei. Nun wisse er, dass er sich geirrt habe, und er sehe die Dinge mal mit „den Augen des Verstandes", mal „mit den anderen". Danach steht Törleß wie selbstverständlich auf und verlässt den Raum.

Privaterziehung für Törleß

Die anschließende Beratung beendet der Direktor mit der Einschätzung, Törleß befinde sich in einer „so hoch-

gradigen Überreizung", dass man für ihn nicht mehr die
Verantwortung tragen könne, er gehöre in „Privaterziehung". Dies werde er dem Vater mitteilen.

Mit dem Brief des Direktors trifft auch ein Brief von Törleß ein, in dem er um die Herausnahme aus dem Konvikt bittet.

Kapitel 29, S. 197 – 200

Basini wird aus dem Konvikt „strafweise" entlassen; um Törleß ist es stiller geworden. Rückblickend findet er sein Verhalten vor der Kommission lächerlich, dem Anlass nicht angemessen. Jedoch sei es auch weniger von seiner Vernunft, so denkt er, als vielmehr von etwas Notwendigerem, tiefer Verborgenem bestimmt gewesen. Aber sein schon vorher vorhandenes Problem, „die wechselnde seelische Perspektive je nach Nähe und Ferne", bleibt bestehen, wenn er es nun auch klarer sieht.

Als seine Mutter ihn abholt, fällt ihr seine „kühle Gelassenheit" auf. Sie fahren an Boženas Haus vorbei, das ihm „unbedeutend und harmlos" vorkommt, und wie er sich zu seiner Mutter wendet, nimmt er den parfümierten Duft ihrer Taille prüfend wahr.

Rückschau
auf das Verhalten
vor der
Kommission

Abreise
mit der Mutter

Die Personen

Die Hauptfigur Törleß

Einführung
der Hauptfigur

Törleß, seit vier Jahren bereits Zögling des Konvikts zu W., wird in einer auffallend trostlos gestalteten Situation der Trennung im Roman eingeführt. Nach beiden Seiten endlos verlaufende, verschmutzte Schienenstränge prägen den Kleinstadtbahnhof, die Akazienbäume tragen „von Staub und Ruß erdrosselte Blätter" (S. 7), den Dingen wie den Menschen haftet etwas „Gleichgültiges, Lebloses, Mechanisches" (ebd.) an. Vorgestellt wird die Hauptfigur als einziges Kind der Frau Hofrat Törleß, die „ihren Liebling" (S. 8) ungern zurücklässt und am liebsten selbst schützend über ihn wachen würde.

Verlassenheits-
und Einsamkeits-
ängste

Angesichts einer solchen Eingangsszenerie ist es nicht überraschend, wenn der Erzähler in einem Rückblick auf die vergangenen vier Jahre vorrangig die Verlassenheits- und Einsamkeitsängste des jungen Törleß darstellt. Es wirft ein erstes Licht auf seine widersprüchliche Wirklichkeitserfahrung, wenn der zwölfjährige Törleß seine Eltern dazu bewegt, ihm eine Ausbildung im renommierten Konvikt zu ermöglichen, und er anschließend an „fürchterlichem, leidenschaftlichem" (S. 9) Heimweh leidet, das „plötzlich und elementar" (S. 10) in ihm hervorbricht.

Sehnsucht nach
dem Elternhaus

Diese Sehnsucht nach der Sicherheit und Geborgenheit seines Elternhauses verhindert seine Wahrnehmung der Realität. Statt an dem Leben im Konvikt Anteil zu nehmen und die gebotenen Anregungen aufzugreifen, erlebt er alles „wie durch einen Schleier" (S. 9) und verlegt seine gesamte Energie ins Briefeschreiben an die Eltern. Schon der Gedanke an das abendliche Schreiben versetzt ihn in Fantasiewelten, nachts schläft er nur unter bitteren Tränen ein. Andererseits, und schon hier deutet sich Törleß'

Ambivalenz
der Gefühle

ambivalente, das heißt zwiespältige Erlebnisweise an, erfüllen ihn die schmerzhaften Gedanken an seine Eltern zunehmend auch mit „wollüstigem Stolz" (S. 10), ihr langsames Schwinden hinterlässt eine Leere und in dem Maße, wie er sich auf das Leben im Internat einzustellen beginnt, auch ein Gefühl der Verarmung.

Törleß' spätere erotische Besetzung der Person Basinis erfährt mit der Erscheinung des jungen Fürsten eine erste Vorprägung. Dessen „sanfte Augen" (S. 12), seine „weichen, geschmeidigen Bewegungen" (S. 13), denen für Törleß etwas von der adligen Herkunft und der Bewegung in großen Sälen anhaftet, finden die anderen Schüler zwar lächerlich und weibisch, für Törleß jedoch ist der Fürst die „Quelle eines feinen psychologischen Genusses" (ebd.). Angezogen von dessen Körperlichkeit, Status, Sensibilität und Bewegungsablauf, lernt er, Rückschlüsse vom Körper auf den Geist zu ziehen. Noch aber hält ihn die Dominanz seiner freigeistigen Erziehung derart gefangen, dass Törleß' Denken gegen die tiefe Religiosität des Freundes aus konservativem Adel rebelliert, und die Freundschaft zerbricht.

Zwar bleibt seine Bindung an die Eltern, insbesondere an die Mutter, die ihrerseits ihr einziges Kind zu Hause schmerzlich vermisst, weiterhin bestehen, doch wendet sich Törleß mit fortschreitender Pubertät seinen Mitschülern zu, den „übelsten seines Jahrgangs" (S. 15). Törleß, der sich nur zu gern in „allzu subtilen Empfindeleien" verstrickt und ein eigenes Persönlichkeitsprofil noch nicht entwickelt hat, ist beeindruckt von dem „gesunden, kernigen und lebensgerechten" (ebd.) Wesen seiner Kameraden. Den forciert männlichen Verhaltensweisen möchte er sich zwar anpassen, doch spürt er deutlich, dass dies nur mit dem Preis einer inneren Verarmung zu erreichen ist. So droht der von seinen Eltern innig geliebte und umsorgte Törleß das zu verlieren, „was man als Charakter oder Seele, Linie oder Klangfarbe eines Menschen fühlt" (S. 17). Sein Wesen wird unbestimmt und hilflos. Einerseits durchschaut er das männliche Gehabe seiner Freunde als nicht authentisch und „geborgt" (ebd.), andererseits eifert er den älteren Mitschülern in ihrer Rauheit nach, bleibt im tiefsten Innern dabei allerdings gleichgültig. Die Trostlosigkeit der Bahnhofsszenerie, in der Törleß mit seinen Freunden seine Eltern verabschiedet, spiegelt somit Aspekte seiner Befindlichkeit wider. Mit hoher Sensibilität bedacht, von den Normen und Werten seines Elternhauses geprägt, hat er vier Jahre in Sehnsucht nach den Eltern in Einsamkeit, Langeweile und halbherziger Anpassung an das raue Verhalten seiner Mitschüler verbracht.

Der Fürst als psychologisches Studienobjekt

Vorprägung der "Beziehung" zu Basini

Anlehnung an die Kameraden

Beineberg + Reiting

Verlust der eigenen Mitte

Die Einsamkeit wird von Törleß aber durchaus auch als ambivalent empfunden und ist mit Sinnlichkeit und Erotik eng verbunden. Beunruhigende Fantasien befallen ihn in Situationen der Menschenferne. So denkt er sich in der Dunkelheit die Menschen weg, wähnt sich durch Zimmerfluchten gehend, während die Türen sich hinter ihm schließen, und steht plötzlich der Herrin der „schwarzen Scharen" (S. 33) gegenüber. Dann halten die Schatten der Dunkelheit wie schwarze Eunuchen Wache. Törleß fantasiere sich hier eine „matriarchalische Welt herbei, in der er und seine Mutter miteinander allein sind", so lässt sich diese Vision psychoanalytisch deuten, und in der sie „nicht gestört werden vom Vater oder anderen Erwachsenen" (Kroemer, 2004, S. 130). Naheliegend ist eine solche Deutung angesichts von Törleß' intensiver Mutterbindung, naheliegend auch, wenn man die der Vision folgende Personifizierung der Einsamkeit einbezieht, die für ihn „den Reiz eines Weibes und einer Unmenschlichkeit" hatte. „Er fühlte sie als eine Frau, aber ihr Atmen war nur ein Würgen in seiner Brust, ihr Gesicht ein wirbelndes Vergessen aller menschlichen Gesichter und die Bewegung ihrer Hände Schauer, die ihm über den Leib jagten" (S. 33). Für Törleß haben die Visionen etwas Lustvolles, aber auch Bedrohliches an sich, er ist sich „ihrer ausschweifenden Heimlichkeit bewußt" (ebd.) und fürchtet, sie könnten ihn zu sehr beherrschen.

Mit der Rückkehr vom Bahnhof zum Konvikt beginnt mit dem aggressiven männlichen Verhalten seiner Mitschüler die sexuelle Thematik Raum einzunehmen. Während die Freunde beim Durchqueren der ländlichen Vorstadt sich den arbeitenden Frauen gegenüber „schamlos" (S. 22) verhalten, sie betatschen und ihre Brüste streifen, verhält sich Törleß zurückhaltend, was der Erzähler mit „einer gewissen Schüchternheit in geschlechtlichen Sachen" (ebd.) begründet, die allen Einzelkindern eigen sei. Von dem engen Zusammenleben in der Vorstadt, dem Schmutz, den fast nackten Kindern und den Frauen, deren Körperlichkeit durch die nachlässige, schlichte Arbeitskleidung deutlicher in Erscheinung tritt, fühlt sich Törleß jedoch erregt, und es entstehen in ihm Visionen von „fürchterlicher, tierischer Sinnlichkeit" (S. 22 f.), deren er sich anschließend allerdings schämt.

Als Törleß mit Beineberg die Prostituierte Božena besucht, wird deutlich, in welchem Spannungsfeld sich seine Sinnlichkeit und Sexualität entfalten. Einerseits wird erwähnt, dass die sonntäglichen Besuche bei Božena zu „seiner einzigen und geheimen Freude geworden" (S. 40) sind, dass er es genießt, seine privilegierte gesellschaftliche Stellung hinter sich zu lassen und sich in die niedersten sozialen Schichten zu begeben. Andererseits sind diese Besuche für ihn angstbesetzt, „ein grausamer Kultus der Selbstaufopferung" (S. 41).

Besuch bei der Prostituierten Božena

Sinnlichkeit ↕ Sexualität

Boženas anzügliche Geschichten über die feine Gesellschaft von Beinebergs Mutter und ihrer Familie rufen in ihm die Erinnerung an die „vollendete Manier" (S. 44) seines eigenen Elternhauses wach, und das „Wühlen seiner dunklen Leidenschaften" (ebd.) kommt ihm demgegenüber lächerlich vor. Deutlich meldet sich sein Über-Ich – nach Sigmund Freud jene Instanz, die durch die Gebote und Verbote der Eltern geprägt ist und Handlungen wie Gedanken zensiert – und Scham über sein unwürdiges Verhalten quält ihn. Hatte er bisher im Kontrast zur Hure Božena seine Mutter zur unberührten Madonna stilisiert, so wird ihm nun bewusst, indem er sich einzelne Beobachtungen aus der Zeit seiner Kindheit noch einmal vergegenwärtigt, dass auch seine Mutter ein geschlechtliches Wesen ist und eine von ihm unabhängige Sexualität mit seinem Vater lebt, so dass das Madonna-Bild zerbricht. Die daraus folgende Irritation kann als der Grund seiner Verschlossenheit und seines Rückzugs gedeutet werden, die erotische Annäherung Boženas mag er nicht mehr erwidern. Bis auf weiteres verdrängt wird schließlich die sein Gefühlsleben beherrschende Präsenz des Elternhauses, als er den für Nachsicht gegenüber den Verfehlungen Basinis plädierenden Brief seiner Eltern zerreißt und dann auch noch verbrennt.

Kontrast zur Kultur des Elternhauses

Veränderung des Mutterbildes durch Besuch bei Božena

Die Nachricht, dass Basini des Diebstahls überführt ist, wirkt auf Törleß „wie ein Überfall" (S. 50) und leitet eine neue Phase seiner sinnlichen und sexuellen Entwicklung ein. Als Reiting in der roten Kammer Einzelheiten des Vergehens und seiner Aufdeckung enthüllt, spürt Törleß ein „Frösteln bis in die Fingerspitzen" (S. 63), und wilde Gedanken steigen in ihm auf. Der Erzähler merkt ergänzend an, „daß es so dem ergehe, der zum ersten Male das Weib sehe, welches bestimmt ist, ihn in eine vernich-

Verwirrung durch Basinis Diebstahl

tende Leidenschaft zu verwickeln." (Ebd.) Von nun an fügen sich Beineberg, Reiting und Törleß zu einer konspirativen Dreiergruppe zusammen und befinden über das weitere Schicksal Basinis im Konvikt. Törleß plädiert mit auffallender Beharrlichkeit auf einer Anzeige und der Ausweisung Basinis, nicht zuletzt auch deswegen, weil er die intensive Beschäftigung mit Basini als Bedrohung erlebt, er eine sinnliche Verstrickung fürchtet. Er erlebt es so, als sei „ein Stein in die unbestimmte Einsamkeit

seiner Träumereien gefallen", als habe sich „ein Tor zu einer anderen, dumpfen, brandenden, leidenschaftlichen, nackten, vernichtenden" (S. 64) Welt geöffnet. Deutlich werden hier die Anspielungen auf erahnte sexuelle Geschehnisse, die Törleß gleichermaßen begehrt wie fürchtet. Als Törleß schließlich von Beineberg erfährt, Reiting habe eine sexuelle Beziehung zu Basini aufgenommen, verspürt er „in seiner Kehle ein Würgen" (S. 76), und fantastische Visionen noch nie gesehener menschlicher Bilder steigen in ihm auf. Mehrmals werden Törleß' Beklemmungen im Bild einer „unsichtbaren" oder „riesigen" Schlinge verdeutlicht, die sich zu einem „tödlichen Knoten" zusammenzieht (vgl. S. 85, 86). In dem Maße, wie Basini jetzt für Törleß eine zentrale Rolle zu spielen beginnt, wird ihm Božena gleichgültig.

Die Ambivalenz von Törleß' Gefühlen, der abrupte Wechsel von sexuellem Begehren und bedrohlicher Beklemmung, wird in der ersten Nacht der Bestrafung Basinis in aller Deutlichkeit sichtbar. Nach Reitings überraschendem Faustschlag in Basinis Gesicht verspürt Törleß zwar noch „eine viehische Lust mit hinzuspringen und zuzuschlagen" (S. 98). Doch als die Freunde Basini die Kleider vom Leib reißen, ihn auspeitschen und dabei die Atemstöße Beinebergs zu vernehmen sind, wird Törleß allein

von der Suggestion der Geräusche und den dadurch entstehenden Vorstellungen sexuell erregt. „Es zog ihn von seinem Sitze hinunter – auf die Knie; auf den Boden. Es trieb ihn, seinen Leib gegen die Dielen zu pressen" (S. 99), die sadistisch aufgeladene Szenerie „treibt" ihn zu nicht mehr selbstbestimmten autoerotischen Handlungen, während eine „mächtige Blutwelle" (ebd.) ihn benommen sein lässt.

Psychologisch deuten lässt sich diese Wendung vom sadistischen zum masochistischen, mit Scham verbundenen Handeln aus einer unbewussten Identifikation mit dem Opfer Basini (vgl. Kroemer, 2004, S. 131), die ihn daran hindert, die zu Beginn angedachte männliche Rolle auch wirklich auszufüllen. Offensichtlich ist es aber auch in dieser Situation noch die Dominanz von Beineberg und Reiting, die Törleß in den Hintergrund verweist. Die ändert sich erst in dem Augenblick, als Törleß überraschend in das sadistische Spiel eingreift und zum Vergnügen der beiden Freunde zu Basini „leise, fast freundlich" sagt: „Sag doch, ich bin ein Dieb." (S. 102)

Von sadistischen Gefühlen zu masochistischem Handeln

Bis es schließlich an einem um einige Feiertage verlängerten Wochenende in der verwaisten Atmosphäre des Hospiz zur ersten homosexuellen Begegnung mit Basini kommt, sammelt Törleß noch einige ernüchternde Erfahrungen. Das Gespräch mit seinem Mathematiklehrer endet ergebnislos, die Kant-Lektüre bricht Törleß verzweifelt und hilflos ab, sein Versuch, sich über die Ereignisse der vergangenen Wochen Rechenschaft zu geben, gerät beim Namen „Basini" ins Stocken. Unausweichlich richten sich seine Sinnlichkeit und sein Begehren auf Basini, in den er sich immer tiefer hineinzuversenken versucht (vgl. S. 135). Er spürt „ein Erdbeben ganz tief am Grunde" (S. 128), eine „Woge, die den ganzen Organismus überflutet" (ebd.), ein Auflodern der „sinnlichen Antriebe" (S. 133), das jeden anderen Gedanken erstickt, „mörderische Sinnlichkeit" (S. 136) und jetzt auch „zärtliche Regungen" (S. 129). In der zweiten Nacht verspürt er schließlich den „triebhaften Wunsch", Basini „wie eine Beute zu überfallen" (S. 137), doch zwischen Grausamkeit und Sinnlichkeit schwankend findet er noch kein Handlungsziel. Ähnlich wie in der sadistisch geprägten Szene in der roten Kammer überlässt er sich schließlich einem „förmlich physischen Zwang", der ihn „wie an einem Seile aus dem Bett" (S. 138) zieht. Das jetzt folgende Zusammensein in der roten Kammer ist unter zwei Aspekten für Törleß' weitere emotionale Entwicklung wichtig. Zum einen entdeckt Törleß als Kontrast zur Hässlichkeit der Prostituierten Božena mit dem Anblick von Basinis nacktem Körper die Ästhetik des Schönen. Es fehlt ihm „fast jede Spur männlicher Formen" (S. 140) und „in seiner keuschen, schlanken Magerkeit" wirkt Basinis Körper „wie der eines jungen Mädchens" (ebd.). Sinnliches Begehren und betörende Schönheit kommen

Häufung von ernüchternden Erfahrungen

Durch Basini angefachte Sinnlichkeit

Handeln unter physischem Zwang

hier zusammen, und feierliche, religiöse Gefühle nehmen Törleß in Besitz. Zum anderen gestaltet er nach der plötzlichen Erkenntnis, dass Basini ja ein Mann ist, die Situation zu einem Verhör um, in dessen Verlauf er herauszufinden versucht, was Beineberg und Reiting mit ihm treiben und wie Basini die erlittenen Demütigungen für sich verarbeitet. So bringt er Basini dazu, sich ihm in gleicher Weise zu unterwerfen wie den anderen beiden Freunden, mit denen Törleß sich jetzt auf eine Stufe stellen kann.

Schließlich ist es doch Basini, der sich an Törleß' Bett setzt und ihn mit liebevollen, einfühlsamen Worten dazu bringt, alle Widerstände zu überwinden, seiner ganzen Sinnlichkeit zu folgen und der sexuellen Verführung nachzugeben. In dieser Situation greift der Erzähler Törleß' eingangs geschilderte Einsamkeitsfantasie wieder auf. Sein Wunsch, zu sich selbst zurückzufinden und er selbst zu bleiben, wird vereitelt durch die schwarzen Wächter vor den Toren des „finsteren Hauses" (S. 32 und 153). Die Sinnlichkeit liegt nackt neben ihm, deckt ihm „mit ihrem weichen schwarzen Mantel das Haupt zu" (S. 153) und flüstert: „In der Einsamkeit ist alles erlaubt" (ebd.). Verbirgt das zweimal wiederholte „sie" die Homosexualität, so verweist die Einsamkeit auf die Abgeschlossenheit des Konvikts, in dem ein andersgeschlechtlicher Sexualpartner nicht zu finden ist. Greift man die tiefenpsychologische Deutung der Einsamkeitsvision noch einmal auf, so wäre es Törleß durch Basini gelungen, „seine ödipalen Wünsche auszuleben und schließlich zu überwinden" (Kroemer, 2004, S. 133). Das hieße, dass Basini in dieser Szene die Rolle der Mutter zugekommen wäre und damit der frühkindliche Wunsch nach dem Besitz der Mutter sich für Törleß verwirklicht hätte.

Mit dem Verhör von Basini, mit auffälliger Beharrlichkeit und in Ansätzen schon mit sadistischer Quälerei geführt, verfolgt Törleß noch ein anderes, für seine Wahrnehmungsweise wichtiges Erkenntnisziel. Am Beispiel Basinis will er seiner eigenen Bewältigung unterschiedlicher Wirklichkeitsstrukturen und ihrem abrupten Wechsel auf den Grund gehen. Schon während des Gesprächs mit Beineberg in der Konditorei bemerkt Törleß jenen „Augenblick intensivster Stille, der stets dem völligen Dunkelwerden kurz vorangeht" und in dem die

Formen und Farben „für Sekunden still zu stehen, den Atem anzuhalten" (S. 31) scheinen. Es ist für Törleß die Situation, in der die Rationalität des hellen Tages in die Irrationalität der dunklen Nacht hinübergeht. Ist die Helligkeit des Tages von den Normen und Werten seiner gesellschaftlichen Schicht und der Alltagsstruktur des Internatslebens geprägt, so ist die Nacht voller ungeahnter Überraschungen, „voll Dunkelheit, Geheimnis, Blut" (S. 57). Repräsentiert wird diese finstere Welt durch die Freunde Beineberg und Reiting und die mit blutrotem Fahnenstoff ausgekleidete, mit groben Wolldecken ausgelegte kleine Kammer, an deren Wand ein geladener Revolver hängt. Anfangs ist Törleß erschrocken über die rote Kammer, „die wie ein vergessenes Mittelalter abseits von dem warmen und hellen Leben der Lehrsäle lag, und über Beineberg und Reiting, weil sie aus den Menschen, die sie dort waren, plötzlich etwas anderes, Düsteres, Blutgieriges, Personen in einem ganz anderen Leben geworden zu sein schienen. Damals war dies eine Verwandlung, ein Sprung für Törleß, als ob das Bild seiner Umgebung plötzlich in andere, aus hundertjährigem Schlafe erwachte Augen fiele." (S. 149) Zwar findet Törleß Gefallen daran, „hernach in die Tageshelle zu treten, unter alle Kameraden, mitten in die Heiterkeit hinein, während er in sich, in seinen Augen und Ohren, noch die Erregungen der Einsamkeit und die Halluzinationen der Dunkelheit zittern" spürt (S. 55). Mit der Aufdeckung von Basinis Diebstahl und der darauf folgenden Auseinandersetzung über die Formen der Bestrafung fühlt sich Törleß jedoch unmittelbar betroffen und kann die andere, finstere Welt auch im Alltag nicht mehr von sich fernhalten. Es wird für ihn zu einem zentralen psychologischen Problem herauszufinden, was mit ihm durch den Sprung in diese andere Welt geschieht, in der seine moralischen Verhaltensnormen nicht mehr gelten. So erscheint die Hartnäckigkeit, mit der Törleß Basini immer wieder darauf anspricht, was er bei dem Diebstahl oder der Sexualität mit Reiting im Einzelnen empfunden hat, ob nicht „ein Riß" (S. 147) durch sein ganzes Wesen gegangen sei, ob nicht etwas in ihm zersprungen sei, ob nicht das Bild, das er sich bisher von sich selbst gemacht habe, zerstört worden sei, durch seine unmittelbare Betroffenheit motiviert.

Übergang vom Tag zur Finsternis

helle → 'dunkle' Welt

Düstere Welt der Freunde und der Kammer

Das Erlebnis des „Sprungs"

Der Sprung als zentrales Lebensproblem

Am Tag vor seinem Verhör wird Törleß schließlich angstvoll bewusst, dass er auf die Frage der Lehrer, warum er Basini misshandelt habe, wohl kaum die Wahrheit sagen könne. Die bestünde darin, dass ihn dabei ein Vorgang in seinem Gehirn interessiert hätte, „ein Etwas, von dem ich heute trotz allem noch wenig weiß und vor dem alles, was ich darüber denke, mir belanglos erscheint." (S. 188) Intensiv, aber letztlich erfolglos versucht Törleß, einen zentralen Aspekt seiner Verwirrungen in der Konfrontation mit Basini zu bearbeiten.

Deutung vor der Kommission der Lehrer

Schließlich erwähnt Törleß vor der Kommission der Lehrer doch noch jenen Sprung in der Art und Weise, wie er Basini wahrnimmt. Einmal, unter dem Einfluss der vertrauten gesellschaftlichen Normen, sei er der Ansicht gewesen, man müsse Basini zur Bestrafung den dafür verantwortlichen Personen ausliefern. Dann wieder sei ihm eine Bestrafung gar nicht mehr in den Sinn gekommen: „Es gab jedesmal in mir einen Sprung, wenn ich an ihn dachte." (S. 191) Erwartungsgemäß wird dies von den Lehrern nicht verstanden, sie fordern ihn auf, sich genauer auszudrücken. „Das kann man nicht anders sagen, Herr Direktor" (ebd.), antwortet Törleß, räumt zwar ein, verwirrt zu sein, setzt aber hinzu: „Ich hatte einmal schon viel bessere Worte dafür. Aber es kommt doch immer auf dasselbe hinaus, daß etwas Wunderliches in mir war." (Ebd.) Deutlich verweist Törleß hier auf sein sprachliches Ausdrucksproblem, das bei der Auseinandersetzung mit seinen Wahrnehmungssprüngen und der damit zusammenhängenden Unsicherheit in der moralischen Wertung sein Denken dominiert.

Motive für die Selbstreflexion

Die Motive für die Intensität, mit der Törleß die erlebten Wahrnehmungssprünge zu erforschen versucht, erklären sich zunächst aus seiner übermäßig ausgeprägten Neigung, alle psychischen Vorgänge reflektieren und rational erklären zu wollen. Verstärkt wird diese Neigung zum einen durch die pubertätsbedingte Dominanz sexueller Bedürfnisse und die damit einhergehende Verwirrung der Gefühle, zum anderen aber auch durch die Lösung aus dem verinnerlichten Wert- und Normgefüge des Elternhauses und der Konfrontation mit den derben Sitten seiner Mitschüler, deren Einfluss durch das Zusammenleben in der Abgeschlossenheit des Konvikts noch verstärkt wird. Schließlich findet auch seine

Betroffenheit durch die von ihm nicht lösbaren wissenschaftlichen und philosophischen Probleme keine angemessene Resonanz bei seinen Mitschülern und Lehrern. Dies wird am Beispiel der imaginären Zahlen deutlich, deren Funktion im Mathematikunterricht offensichtlich besprochen, von Beineberg auch mit mäßigem Interesse aufgenommen wird, für Törleß aber Fragen aufwirft, die über die Rationalität seines Denkens hinausweisen und ihn beunruhigen. Das Rechnen mit Zahlen, die es nicht gebe, mit denen sich keine sinnliche Anschauung verknüpfen ließe, sei wie das Überschreiten einer Brücke, von der nur die Anfangs- und Endpfeiler vorhanden seien. Dass dies nicht nur ein mathematisches Problem für Törleß ist, lässt bereits seine Ausdrucksweise erkennen. Von etwas „Schwindligem", „Unheimlichen", von einer „Kraft" in dieser Rechnung (vgl. S. 104) spricht er und signalisiert damit seine emotionale Betroffenheit. Das Ausmaß der Betroffenheit wird dadurch deutlich, dass er vor seinem Mathematiklehrer mit den Worten ringt, dass er die Empfindung hat, er spreche „durch einen dicken trüben Nebel hindurch" (S. 107) und sein Worte „erstickten schon in der Kehle." (Ebd.) Gerade das Ersticken in der Kehle ist eine Körperreaktion, die diese Szene mit anderen Situationen vernetzt: Ein „Würgen in seiner Brust" (S. 33) empfindet Törleß auch in der Einsamkeit, die für ihn den „Reiz eines Weibes" (ebd.) hat. „In seiner Kehle ein Würgen" (S. 76) stellt sich ein, als er von Reitings heimlichen sexuellen Kontakten zu Basini erfährt. Diese Parallelität lässt erkennen, dass die Bedrohung durch das Phänomen der imaginären Zahlen auf einer ganz ähnlichen Ebene liegt wie die Bedrohung durch Erotik und Sexualität. Das Bedrohliche wie auch Lustvolle, das mit dem Sprung in diese andere Welt verbunden ist, wehrt Törleß durch den Versuch der Rationalisierung ab.

So kann ihm auch der Mathematiklehrer nicht helfen, der, ohne sich seinem Gesprächspartner aufmerksamer zuzuwenden, das Phänomen der imaginären Zahlen als der Welt der Mathematik zugehörig bezeichnet und mit der Art, wie er das Wort „Mathematik" ausspricht, für Törleß „eine verhängnisvolle Tür" (S. 108) zuschlägt. Er greift lediglich Törleß' Reden von der Transzendenz auf und empfiehlt ihm eine Schrift von Kant, der zwar als

Problem mit den imaginären Zahlen

Vernetzung der Problembereiche

Hilflosigkeit des Mathematiklehrers

Begründer der Transzendentalphilosophie gilt, für deren
Lektüre Törleß in der Phase seiner Verwirrungen aber we-
der die Geduld noch das nötige Vorwissen besitzt. Nach
dem Redeschwall des Professors ist Törleß froh über ein
Schweigen und äußert seine Enttäuschung mit keinem
Wort.

**Misstrauen
gegenüber der
Sprache**

Wörtern, Sätzen gegenüber empfindet Törleß ein tief
verwurzeltes Misstrauen. Zwar sind sie nützlich zur
Bezeichnung alltäglicher Gegenstände und Zusammenhänge, zur Verständigung in der Welt der Rationalität,
wenn es aber um komplexere Erscheinungen und insbesondere um Empfindungen, die Welt der Gefühle geht,
versagen sie für Törleß ihren Dienst. Dann verfehlen sie
den Gegenstand und taugen nicht zum Ausdruck innerer
Vorgänge. In aller Deutlichkeit erlebt Törleß dieses Defi-

**Erfahrung
des Unendlichen**

zit der Sprache, als er im Park des Konvikts auf dem Ra-
sen liegt und durch die Wolken hindurch in die Unendlichkeit des Himmels blickt. Während er sich den Satz
vorspricht: „Es geht immer weiter, fortwährend weiter,
ins Unendliche" (S. 88), erkennt er, dass die Worte nichts
sagen, „oder vielmehr sie sagten etwas ganz anderes, so
als ob sie zwar von dem gleichen Gegenstande, aber von
einer anderen, fremden, gleichgültigen Seite desselben
redeten." (Ebd.) Törleß spricht dem Begriff des „Unendlichen" seinen mathematischen Wert nicht ab, doch fehlt
dem Begriff jeglicher emotionale Bezug, furchtbar beun-
ruhigend steht dieses Wort „lebendig über ihm" (S. 89)
und scheint ihm zu drohen und ihn zu verhöhnen.

**Zufälligkeit
der Wörter**

Wörter sind, dies erkennt er in der Reflexion seines Un-
endlichkeitserlebnisses und anderer Schlüsselsituationen, von ihren Erfindern wie zufällig an die Dinge und
Vorgänge gefesselt, sie können aber auch als etwas ganz
Fremdes sich jederzeit von den Dingen und Vorgängen
losreißen, sie können lügen, ohne dass ihrem Benutzer
der Grund bewusst wird. Diese Erkenntnis reißt Törleß
in eine „ungeheure Verwirrung" (S. 90), die wie eine
Tollheit über ihn kommt. Deutlich wird ihm wieder bei
der Niederschrift seiner Selbstreflexionen „De natura
hominum" bewusst, dass seine Worte tot bleiben, „eine
Reihe von grämlichen, längst bekannten Fragezeichen"
(S. 131). Um wieder durch die Worte hindurch „wie in
ein von zitternden Kerzenflammen erhelltes Gewölbe"
(ebd.) blicken zu können, sucht er vergebens Basinis

Nähe. Als er vor der Kommission der Lehrer schließlich seine anfängliche sprachliche Unsicherheit überwindet, präzisiert Törleß seine sprachskeptische Haltung: Eine geniale Erkenntnis, so führt er aus, könne wie eine Blume unter unseren Händen verwelken, obwohl man sich ihrer „Wort für Wort" (S. 194) erinnere und der „logische Wert des gefundenen Satzes" (ebd.) völlig unangetastet bleibe. Dennoch treibe er „haltlos nur auf der Oberfläche unseres Inneren umher" (ebd.). Ein Gedanke werde erst lebendig, wenn etwas, das nicht mehr logisch ist, „zu ihm hinzutritt, so daß wir seine Wahrheit fühlen" (ebd.).

Grenzen sprachlicher Logik

Als Gegenstück zum Reden ist das Schweigen eine für den sprachskeptischen Törleß positiver besetzte Verhaltens- und Seinsweise, aber auch nicht ohne Ambivalenzen. Schweigen „kann Zustimmung oder Ablehnung bedeuten, es kann wohltun oder verletzen, verbinden oder isolieren, etwas offenbaren oder verbergen." (Lewandowski, 1990, S. 931) Bereits in seinem ersten Gespräch mit Beineberg in der Konditorei berichtet Törleß vom dem Gefühl plötzlichen Verlassenseins in der Einsamkeit, umgeben von leblosen Geschöpfen, und fügt hinzu: „Was ist das? Ich fühle es so oft wieder. Dieses plötzliche Schweigen, das wie eine Sprache ist, die wir nicht hören?" (S. 31) Beim Anblick der Unendlichkeit des Himmels spürt er ihn „riesig und schweigend auf sich herunterstarren" (S. 89), wenn er sich die Sinneseindrücke seines Zusammenseins mit Basini vergegenwärtigt, stellt sich die Vision eines „bilderdurchzuckten Schweigens" (ebd.) ein. Als Törleß schließlich die Zeit seiner Verwirrung hinter sich lässt und zurückblickt, kann er sich noch nicht viel des Erlebten erklären, aber „diese Wortlosigkeit fühlte sich köstlich an, wie die Gewißheit des befruchteten Leibes, der das leise Ziehen der Zukunft schon in seinem Blute fühlt." (S. 199) Schweigen ist für Törleß ein Modus, in dem sich die für die Kolorierung der Gedanken so wichtige Dimension der Sinnlichkeit, der Hoffnungen wie der Ängste ausbreiten kann, in dem sich das entwickeln kann, für dessen Ausdruck sich die Sprache als zu normiert und konventionell erweist.

Schweigen als Alternative

Lust der Wortlosigkeit

Erst mit der Abgrenzung von Beineberg und Reiting sowie der Trennung von Basini wird für Törleß der Weg zur Entwicklung und zum Ausbau eines eigenen Le-

Abkehr vom sadistischen Spiel

benskonzepts frei. Den Bruch mit Beineberg und Reiting vollzieht er abrupt: Nach Beinebergs missglücktem Hypnotisierungsversuch und der Auspeitschung Basinis mit dem Ledergürtel, widert Törleß die ganze Szene an, „gedankenlos" und mit „stummem, totem Widerwillen" (S. 174) verlässt er wortlos den Raum. Was er zuvor noch mit allen Anzeichen sexueller Erregung erlebt hat, mobilisiert nun emotionale Gegenkräfte. Kein moralisches Urteil wird hier gefällt, sondern eher eine spontane ästhetische Ablehnung des Geschehens geäußert. Auch in der folgenden Auseinandersetzung mit Reiting beschimpft er ihn und Beineberg als „abgeschmackt roh" (S. 178), als „stumpfsinnige, widerwärtige, tierische Narren" (S. 179), ihre Taten als „gedankenlose, öde, ekelhafte Quälerei" (ebd.), als „schmutzig" (ebd.), und auch hier dominieren die ästhetischen Wertungen.

Rückkehr zur Ästhetik

Damit deutet sich an, dass Törleß nun zu seinen frühen ästhetischen Prägungen zurückgefunden hat: Wenn er an seine Eltern denkt, so fallen ihm parkähnliche Gärten mit langen, in der Nacht „schwach schimmernden Kieswegen" (S. 46) ein. Sinnliche Fantasien hat auch das vom benachbarten Opernhaus in Italien allabendlich angeregte Kunsterlebnis in ihm ausgelöst (vgl. S. 129f.). Seine freundschaftliche Nähe zu dem jungen Fürsten ist von dessen ästhetischer Ausstrahlung geprägt, in seiner Gegenwart fühlt er sich in eine „abseits des Weges liegende Kapelle" (S. 149) versetzt, in der sein Auge über „nutzlosen, vergoldeten Zierrat" (S. 14) gleiten kann. Auf seine literarischen Ambitionen, anfänglich noch von klassischen Vorbildern beeinflusst, wird des Öfteren verwiesen, auf seine Sehnsucht „nach Stille, nach Büchern" (S. 182), und schließlich ist es der makellos schöne Körper Basinis, der Törleß' Begehren erregt. Dass sich

Ästhetik als späteres Lebensprinzip

Törleß schließlich, wie der Erzähler in einem zeitlichen Ausblick schildert, zu einem Menschen „von sehr feinem und empfindsamem Geiste" (S. 158) entwickelt, dessen Bedürfnisse „einseitig schöngeistig zugeschärft" (S. 159) sind und der moralischen Fragen mit einer „gelangweilten Unempfindlichkeit begegnet" (S. 158), ist eine konsequente Ausprägung der ursprünglichen Anlagen.

Gefühl der Befreiung

Nachdem sich Törleß von seinen Kameraden gelöst, die Beziehung mit Basini beendet hat, dem er zuvor aber noch zu einer Selbstanzeige beim Direktor rät, ergreift ihn das Gefühl „einer gänzlichen Befreiung" (S. 187), und er hält diesen Teil seiner Entwicklung, den „fürchterlichen Sturm in seinem Inneren" (S. 198) für abgeschlossen. In die Flucht treibt ihn zwar noch die Angst, sich vor der Kommission seiner Lehrer und des Direktors rechtfertigen zu müssen, doch nach anfänglichen Unsicherheiten und verworrener Gedankenführung ergreift ihn vor der Kommission eine „hochmütige Überlegenheit" (S. 193).

Prozess des Erwachsenwerdens abgeschlossen

Stolz und trotzig fühlt er nun den Augenblick gekommen, „wo er klar, deutlich, siegesbewußt" (S. 193) das formulieren muss, was ihn in der Zeit seiner Verwirrungen bewegt hat. So gelingt Törleß zum Abschluss seines Aufenthalts im Konvikt eine brillante, geschliffene Rede, die in der Einsicht gipfelt, dass sich ein Teil unserer Erkenntnis im „Lichtkreis des Gehirns" (S. 194) vollziehe, die andere Hälfte aber „in dem dunklen Boden des Innersten" (S. 194f.). So sehe er die Dinge nicht nur „mit den Augen des Verstandes" (S. 195), sondern auch in ihrem wortlosen „zweiten, geheimen, unbeachteten Leben" (S. 195). Jetzt sind für ihn die Probleme noch nicht gelöst, wohl aber klarer, reiner und kleiner geworden (vgl. S. 199). Zurückgekehrt unter das „Patronat seiner Eltern" (S. 183), lässt er sich kühl und gelassen (vgl. S. 199) von seiner Mutter abholen.

Rhetorisch gelungener Abschluss

Der Ideologe Beineberg

Bereits bei der Verabschiedung von Törleß' Eltern an der Bahnstation wird der „junge Baron Beineberg" (S. 18) eingeführt, unter dessen Obhut Hofrat Törleß seinen Sohn stellt. Als „einen langen, knochigen Burschen mit mächtig abstehenden Ohren, aber ausdrucksvollen, gescheiten Augen" (S. 18 f.) beschreibt der Erzähler jenen Beineberg, dessen Äußerem auch Törleß eine gewisse Vornehmheit nicht abspricht. Er hebt vor allem die „schmalen dunklen Hände", die mageren Finger mit „schön gewölbten Nägeln" (S. 26), die dunkelbraunen Augen und die „gestreckte Magerkeit des ganzen Körpers" (S. 27) hervor. Weniger schmeichelhaft sind aus Törleß' Sicht die noch einmal erwähnten abstehenden Ohren, das kleine, unregelmäßige Gesicht und der Gesamteindruck des Kopfes,

Äußeres Erscheinungsbild

der „an den einer Fledermaus" erinnert. Wenn Beineberg selbst die „stahlschlanken Beine homerischer Wettläufer" (S. 27) als sein Vorbild preist, kann ihm Törleß nicht folgen, bei dem sich eher Visionen von sich verdrehenden Gliedmaßen einstellen. Die Hände schließlich, die sich Törleß nicht anders als „in einer fingernden Beweglichkeit" (ebd.) vorstellen kann, haben für ihn etwas Unzüchtiges an sich, etwas Geschlechtliches. So wirkt Beineberg aus Törleß' Sicht auf noch nicht genauer bestimmbare Weise auch unheimlich und bedrohlich. Die seinem Namen entsprechenden langen Beine tauchen denn auch in einer Vision auf, in der ihm Beineberg plötzlich „wie eine unheimliche, große, ruhig in ihrem Netz lauernde Spinne" (S. 80) erscheint, und später in einem Traum, in dem Beineberg „mit Schritten, die doppelt so lang waren wie sein Körper" (S. 120) an seinem Mathematiklehrer und an dem Philosophen Kant vorbei läuft.

Dem absonderlich wirkenden, sich nicht zu einem Ganzen zusammenfügenden Aussehen Beinebergs entspricht ein ebenso diffuses, durch unterschiedliche Einflüsse geprägtes Denken. Sein Vater, ehemals Reiteroffizier in Indien, hat sich dort in die Gedankenwelt des Buddhismus eingefühlt, so berichtet Beineberg, und sie an ihn während seiner Kindheit weitergegeben. Romanen oder philosophischen Schriften gegenüber desinteressiert, hat sich der Vater in die Bücher der indischen Weisheiten meditativ versenkt. Dieser Gewohnheit ist er treu geblieben, betrachtet die indischen Bücher als „Ordenszeichen" (S. 24), umgibt sich mit einem „weihevollen Geheimnis" (S. 25) und gewinnt daraus eine „verschlossene Überlegenheit" (ebd.), die er kultiviert.

In Beineberg lebt, so der Erzähler, „das Bild seines wunderlichen Vaters in einer Art verzerrender Vergrößerung weiter." (S. 26) Auch er hat die mystisch-meditative Richtung seines Vaters eingeschlagen, verfügt über Nachschlüssel zu allen Keller- und Speicherräumen, in die er sich oft über Stunden zurückzieht. Während aber sein Vater die ihn umgebenden Menschen verachtet, weil sie nicht Teil an seinem esoterischen Wissen haben, legt Beineberg sich aus der Menschenverachtung eine Philosophie zurecht, die auch grausame, sadistische Verhaltensweisen rechtfertigt. Er ist es, der als Erster den Plan entwickelt, Basini als Strafe für seine Verfehlung nicht nur unter Kuratel zu stellen, sondern auch zu quälen. Basini sei eine von der Weltseele verlassene Kreatur, nicht mehr als „irgendein Wurm oder Stein am Wege" (S. 78). Wäre die Weltseele an seinem Erhalt interessiert, würde sie sich deutlicher aussprechen. Mit dieser wie eine philosophische Wahrheit vertretenen, seinen Plänen entsprechend simplifizierten Lehre von den zweierlei Menschen, den „wahren" Menschen und den unbedeutenden, rechtfertigt Beineberg seine Idee, Basini zu quälen, um aus dessen Reaktionen für sein späteres Leben wichtige Erkenntnisse zu beziehen, um „an ihm zu lernen" (S. 81). Auf Basini sei keine Rücksicht zu nehmen, auch nicht auf die von Törleß zur Sprache gebrachte Moral oder Gesellschaft, man könne ihn sogar „rein des Vergnügens halber zu Tode martern" (S. 78). Schließlich steigert Beineberg seinen zynischen Sadismus noch durch die Bemerkung, auch in ihm werde durch die Grausamkeit etwas verletzt, deshalb handele es sich „förmlich um ein Opfer" (S. 83), das er bringen müsse.

Für Beineberg sind nur die „kosmischen Menschen" (ebd.) wahre Menschen, die „in sich selbst eindringen können" und „imstande sind, sich bis zu ihrem Zusammenhange mit dem großen Weltprozesse zu versenken" (ebd.). So gaukelt er Basini vor, seine Seele müsse sich in einem hypnotischen Experiment mit der Weltseele vereinen, um sich durch diesen mystischen Vorgang zu reinigen. Diesen Plan trägt Beineberg seinen Freunden, hochgradig aufgeregt, mit einem von „krampfhafter Aufmerksamkeit verzerrten" (S. 168) Gesicht vor, wobei Törleß erstmalig auffällig und klar argumentierend auf Distanz geht. Als der Versuch schließlich misslingt, reagiert Beineberg, der die sadistische Quälerei Basinis durch das Drohen mit dem Revolver auf die Spitze getrieben hat, mit einem „gurgelnden Wutschrei" (S. 174) und schlägt besinnungslos auf Basini ein.

Da auch Beineberg an der intellektuellen Aufarbeitung persönlicher Erfahrungen und Sinnfragen des Lebens interessiert ist, kommt es immer wieder zu Gesprächssituationen, in denen er und Törleß die sie beschäftigenden Probleme bereden. Dabei zeigt sich Beineberg seltener einfühlsam und die Stimmungen seines Gesprächspartners wahrnehmend, meist begibt er sich in die Rolle des Überlegenen, des kritisch Fragenden und

Lehre von zweierlei Menschen

Beinebergs Sadismus

Beinebergs Reaktion auf die misslungene Hypnotisierung Basinis

Gesprächspartner für Törleß

ironisch Kommentierenden. So reagiert er auf Törleß' Geständnis, er genieße es, im Religionsunterricht etwas Falsches zu beweisen und zu spüren, wie er selbst daran glaube und ihm ein „Ruck durch den Kopf, ein Schwindel, ein Erschrecken" (S. 30) gehe, mit der Bemerkung: „Ach hör auf, das sind Spielereien." (Ebd.) Gerade der in seinem Mystizismus verwurzelte Beineberg spielt in solchen Situationen gegenüber dem um das Verständnis der irrationalen Lebensmomente besorgten Törleß den Alltagsmenschen. In dem für Törleß so wichtigen Gespräch über die irrationalen Zahlen zeigt sich Beineberg verschlossen gegenüber Törleß' Problem und vertritt desinteressiert den Standpunkt der schulischen Lehre.

Unterschiede in der Weltsicht

In einer Unterredung nach Törleß' Besuch beim Mathematiklehrer schließlich ereifert sich Beineberg über die „Schwachköpfigkeit", die „Blutarmut" (S. 116) des Wissens, mit der sich die Menschen zufrieden gäben. Als Törleß sich offensichtlich von Beinebergs Polemik nicht mitreißen lässt, wirft dieser ihm vor, immer halb zu bleiben: „Ein wenig Sonderbares ausfindig machen, ein wenig den Kopf schütteln, ein wenig sich entsetzen, – das liegt dir; darüber traust du dich aber nicht hinaus." (S. 117) Gegen diesen Vorwurf mobilisiert Törleß seine Widerstandskräfte in ungewohnter Intensität. Schließlich formuliert er deutlich, was Beineberg von ihm unterscheide. Beineberg suche hinter den Dingen das Übernatürliche, er hingegen das Natürliche: „Verstehst du? gar nichts außer mir, – in mir suche ich etwas; in mir! etwas Natürliches! Das ich aber trotzdem nicht verstehe! Das empfindest du aber geradeso wenig wie der von der Mathematik" (S. 118).

Der Tyrann Reiting

Aufmerksamkeit und Liebenswürdigkeit

Auf dem Weg durch die Vorstadt, deren Atmosphäre Törleß sinnlich bedrängt und verwirrt, tritt der „um zwei Jahre ältere v. Reiting" (S. 23) in das Romangeschehen ein. Seine spöttische Frage „Hat das Bubi Heimweh"? gibt zu erkennen, dass Reiting Törleß' emotionale Befindlichkeit erraten hat, so, als habe er „die Vorgänge in seinem Innern belauscht." (Ebd.) Körperlich von stattlicher Größe, unterscheidet er sich von Beineberg jedoch durch sein „liebenswürdiges" und „gewinnendes" Wesen (vgl. S. 56), durch seine „freche, unbekümmerte Art" (S. 80). In seinem „aufrechten, biegsamen" (S. 95) Gang, so nimmt Törleß ihn wahr, liegt die gleiche „Harmlosigkeit und Liebenswürdigkeit" (ebd.) wie in seinen Worten. Über seine Herkunft äußert sich Reiting selbst offensichtlich nur in vagen Andeutungen: Sein Vater soll verschollen, der Name nur ein „Inkognito für den eines sehr hohen Geschlechtes" (S. 55) sein, seine Mutter werde ihn dereinst in seine weitgehenden Ansprüche (vgl. ebd.) einweihen. So schwebt Reiting einmal eine bedeutende Stellung in der hohen Politik vor, von „Staatsstreichen" (ebd.) ist die Rede, vorerst aber strebt er die Offizierslaufbahn an.

Geheimnisumwitterte Herkunft

Dass Liebenswürdigkeit, Geschmeidigkeit in den Bewegungen wie in der Sprache mit kühl berechnendem Machtverhalten vereinbar sind, wird in der Figur Reiting beispielhaft deutlich. Mit scharfer Beobachtungsgabe, durch skrupelloses, strategisch klug geplantes Handeln und immer wieder erneutes Nachdenken und Überprüfen seiner Strategie hat er sich eine eigene Machtstruktur aufgebaut und die Rolle eines „unnachsichtigen Tyrannen" (S. 56) übernommen. Während Beineberg sich in seine versteckten Kammern zum Zweck der meditativen Versenkung zurückzieht, führt Reiting in seinen geheimen Winkeln Tagebücher, in denen er seine erfolgreich inszenierten Intrigen aufzeichnet und neue Pläne schmiedet. An entlegenen Orten stählt er seine Hände, indem er gegen Bäume oder Tische boxt. Reitings Machtstrategien bestehen darin, „Menschen gegeneinander zu hetzen, den einen mit Hilfe des anderen unterzukriegen" (S. 55) und es dann zu genießen, wenn die Unterlegenen ihm schmeicheln oder ihm Gefälligkeiten erweisen, wobei sie den noch im Innern schwelenden Hass unterdrücken müssen. Zum Repertoire seiner Intrigen gehört es auch, Menschen durch Gefälligkeiten zu gewinnen oder sich durch „heimliche List zum Mitwisser ihrer Geheimnisse" (S. 154) zu machen und damit Macht auszuüben. Obgleich seine Verbündeten oft wechseln, ist es ihm bisher immer gelungen, die Mehrheit auf seiner Seite zu haben. Gegen Beineberg hat er vor Jahren einen groß angelegten Krieg geführt, der mit Beinebergs Isolation und Niederlage geendet hat. Wenngleich beide

Aufbau einer Machtstruktur

Strategien der Machtausübung

nun auch aus „gemeinschaftlichem Interesse" (S. 56) zusammenhalten, schließt Beineberg nicht aus, dass Reiting ihn auch jetzt noch gerne loswerden wolle.

Dementsprechend ist es auch Reiting, der in der sadistischen Inszenierung von Basinis Demütigung das Sagen hat. Nach dem Bekanntwerden der Diebstähle macht Reiting Basini durch das Ausleihen weiterer Geldbeträge von sich abhängig, beobachtet ihn genau, erforscht sein Umfeld, antizipiert sein Verhalten und versteht es schließlich, ihn durch zynisches Ausnutzen seines Herrschaftswissens zu einem Geständnis zu zwingen. Am Stil seiner elegant formulierten Schilderung wird allzu deutlich, wie Reiting Basinis Abhängigkeit von ihm auszukosten versteht. So genießt er den sadistischen Gestus, Basini vorzuführen, ihn zur Selbstoffenbarung zu nötigen, so dass „seine bisher unbeachtete Art zu leben plötzlich vor

Formen des Sadismus

einem liegt wie die Gänge eines Wurms, wenn das Holz entzwei springt." (S. 59) Sadistische Ironie wird auch in der Bemerkung offenkundig, er, Reiting, habe mit Basini „in wirklich liebenswürdigster Weise" geredet, „so als ob ich ihm ganz sanft ein schlankes, spitzes Stäbchen ins Gehirn hineintriebe" (S. 61). Basini sei die Röte „hübsch" (ebd.) im Gesicht gestanden, er habe ausgesehen wie ein „gequältes, wehrloses, kleines Tierchen" (ebd.). Reiting wolle herrschen, so beurteilt Beineberg dessen Triebstruktur, für ihn habe es „einen besonderen Wert, einen Menschen ganz in seiner Hand zu haben und sich üben zu können, ihn wie ein Werkzeug zu behandeln." (S. 82) So ist es nur zu verständlich, wenn Reiting Napoleon verehrt und sich von Basini Geschichten über die römischen Kaiser, über die Macht der Borgias im Italien des 15. Jahrhunderts und die Gräueltaten des mongolischen Eroberers Timur Chan vorlesen lässt.

Inszenierung kollektiver Selbstjustiz

Wenn über eine weitere Eskalationsstufe der sadistischen Quälerei Basinis zu entscheiden ist, lenkt Reiting das Gespräch und eröffnet ein ganzes Arsenal perfider Demütigungen. Schließlich kommt auch von ihm der Vorschlag, Basini der Lynchjustiz der Klasse auszusetzen. Erstaunlich klar stellt Reiting dar, wie sich Gewalt durch die Anonymität der Masse ausweiten und radikalisieren kann: „Keiner will Besonderes dazutun, und doch gehen die Wellen immer höher, bis sie über allen Köpfen zusammenschlagen." (S. 163) So führt Reiting nicht nur beim gewaltsamen Übergriff der Klasse auf Basini die Regie und verliest dabei Briefe von Basinis Mutter, sondern erreicht es auch dank seines strategischen Geschicks, dass die Täter in einer glänzend inszenierten, „wohlverabredeten Komödie" (S. 189) straffrei davonkommen und alle Schuld auf Basinis Schultern geladen wird.

Position in der Dreiergruppe

Während Beineberg seinen Sadismus mystisch verbrämt und als einem höheren Ziel dienend verschleiert, lässt Reiting seinen sadistischen Neigungen freien Lauf. Seine Überlegenheit erhält er sich durch seine genaue, strukturierte Beobachtung des sozialen Umfelds, seinen Machtinstinkt, seine Fähigkeit, Mehrheiten hinter sich zu scharen, und seinen reflektierten Umgang mit den gemachten Erfahrungen. Törleß, dessen Geist der „beweglichste" (S. 56) ist und der in der Dreiergruppe die Rolle des „geheimen Generalstabschefs" (S. 57) übernimmt, empfindet einen „scheuen Respekt" (S. 55) vor seinen Freunden. Zwar liebt er Reiting nicht, ein tiefer gehender Gedankenaustausch findet auch nicht statt, doch schätzt er die liebenswürdige, frische Art, „mit der er alle Intrigen anfaßte" (S. 80).

Das Opfer Basini

Als einer, „der auch fast jeden Sonntag" (S. 47) zu ihr komme, wird Basini von der Prostituierten Božena eingeführt, ohne dass sie sich gleich an dessen Namen erinnert. „Er ist ungefähr so groß wie der da" (ebd.), setzt sie mit Verweis auf Törleß hinzu, erst dann fällt Beineberg der Name „Basini" ein. Persönlich ist Basini nicht präsent, doch wird hier bereits seine Zugehörigkeit zur Welt der Božena signalisiert und durch den zweimaligen Vergleich mit Törleß auch eine Brücke zu ihm geschlagen. Božena stellt Basini als unterhaltsam und spendabel, aber auch als „dumm" (ebd.) dar, was vor dem Hintergrund ihrer Welterfahrung einiges heißen will. Sexuell soll er unerfahren sein, sich vor Sexualität auch fürchten, sich andererseits aber als Genussmensch ausgeben und sich darüber verbreiten, wie man mit Frauen umzugehen habe. Die von Božena vorgebrachten Merkmale, das großspurige Gehabe und die Dummheit, bestätigt und ergänzt der Erzähler: Basini sei von schwächlicher

Erste Erwähnung durch Božena

Moralische Minderwertigkeit und Dummheit	Konstitution, habe „weiche, träge Bewegungen und weibische Gesichtszüge" (S. 70), die Prostituierte Božena besuche er nur, um „den Duft galanter Erlebnisse" (S. 71) auszuströmen, und es komme auch vor, dass er aus Eitelkeit lüge. Dies bewertet der Erzähler als „moralische Minderwertigkeit" (ebd.), die mit seiner Dummheit zusammen auf einem Stamm wachse. Dass er „keiner Eingebung Widerstand entgegenzusetzen" (ebd.) habe und von den Folgen immer überrascht werde, lässt auf Ich-Schwäche, Naivität und fehlendes strategisches Denken schließen. Lediglich eine „angenehme Art koketter Liebeswürdigkeit" (S. 70) gesteht ihm der Erzähler zu.
Geschönte Herkunft	Über seine Herkunft ist bekannt, dass seine Mutter eine „vermögende Dame" (S. 51), sein Vormund eine Exzellenz, das heißt ein hoher Offizier oder politischer Beamter sein soll. Diese Informationen erweisen sich jedoch in dem Augenblick als Lug und Trug, wo Reiting einen Brief von Basinis Mutter verliest, in dem sie das wenige Geld erwähnt, über das sie „als Witwe verfüge" (S. 185).
Normverstöße aus Ignoranz	Basini, der bisher in seiner Klasse wenig Beachtung gefunden hat, gerät aufgrund seiner fehlenden Ich-Stärke und seiner mangelnden Intelligenz in einen von ihm nicht durchschauten und deshalb auch nicht mehr beeinflussbaren Unterdrückungsapparat. Er vermag nicht einzuschätzen, wie er durch seine Diebstähle, seine Lügengespinste und seine bedingungslose Unterwerfung gegen die rigiden Normen seiner Peergroup verstößt, deren Mitgliedern Werte wie Ehre und Manneswort etwas bedeuten. Geld zu leihen und nicht zurückzugeben, Geld gar zu stehlen, um damit vor einer Prostituierten groß zu tun, wird stigmatisiert von Söhnen führender gesellschaftlicher Schichten in einer Schule, die auf Karrieren im Militärdienst, in der Politik oder in der Hochschule vorbereitet.
Triebgesteuertes Verhalten	Dass er diese Zusammenhänge nicht durchschaut, wird Basini zum Verhängnis. Er handelt triebgesteuert und denkt über sein Verhalten nicht weiter nach. So antwortet er auf Törleß' bohrende Fragen nach seinen Handlungsmotiven: „Ich zerbreche mir auch gar nicht den Kopf darüber, wieso ich meinen Fehltritt begehen konnte. So etwas kommt so rasch, so von selbst; man merkt erst nachher, daß man etwas Unkluges getan hat." (S. 145)
Naivität und Masochismus	Naivität, aber auch Masochismus ist es, wenn sich Basi-

ni Reitings Forderung nach bedingungslosem Gehorsam unterwirft und sich ihm „förmlich zum Sklaven" (S. 63) anbietet, ohne zu ahnen, dass gerade ein solches Verhalten widerwärtig wirkt. So wird er als willfähriges Opfer von einer Demütigung zu anderen getrieben, ohne die dahinter stehenden Mechanismen zu durchschauen. Immer lebt er in der Vorstellung, wenn er seinen Unterdrückern „zu Willen sei", werde ihm „nach einiger Zeit alles verziehen werden." (S. 142)

Zwar ist auch Törleß von Basinis Niederträchtigkeit überzeugt, doch beim Anblick seines nackten Körpers blenden ihn, von seiner Sinnlichkeit überwältigt, der schön gebaute Leib, dem „fast jede Spur männlicher Formen" (S. 140) fehlt, die „keusche, schlanke Magerkeit" (ebd.), und er sieht in seinem Körper eher den eines jungen Mädchens. Hierin liegt schließlich zwischen Basini und Törleß ein geheimer Berührungspunkt, der in einzelnen Forschungsbeiträgen dazu geführt hat, in „Basini letztlich einen verborgenen Teil von Törleß" (Kroemer, 2004, S. 104) zu sehen. Denn auch Törleß hat weibliche Anlagen in sich und erinnert sich an Kinderzeiten, „da in ihm eine ganz unaussprechliche Sehnsucht war, ein Mäderl zu sein" und „wo er sich so lebhaft als kleines Mädchen fühlte, daß er glaubte, es könne gar nicht anders sein." (S. 122) Im Sinne einer solchen Deutung ließe sich Törleß' Begehren von Basini als das Streben nach einem verschütteten Teil seiner selbst deuten. Dies gäbe auch dem zweimaligen Vergleich Basinis mit Törleß in den Fragen der Prostituierten Božena einen geheimen Sinn. Bleibt Törleß in der Artikulation seiner Sinnlichkeit ein Schweigender, so verfügt Basini souverän über die Sprache der Gefühle und findet „bewegliche Worte" der Verführung. So scheint andererseits „alles Persönliche" aus Basini gewichen zu sein, nachdem sich Törleß unwiderruflich von ihm losgesagt hat. Umgekehrt empfindet Törleß alles als tot, seit Basini das Konvikt verlassen hat: „Fast so, als ob dieser Mensch, der alle diese Beziehungen an sich gekettet hatte, sie nun auch mit sich fortgenommen hätte." (S. 198)

Die Thematik

Schul- und Internatsleben

Schulkritik
als Mode

Dahin seien die Zeiten, so schreibt im Jahre 1906 ein Kritiker, wo man mit heiteren Schulgeschichten noch hohe Auflagen machen könne; man habe sich „eben inzwischen auf die tiefe Tragik besonnen, die das Schülerleben birgt, die in einem Teile der Selbstmordstatistik ihren erschreckendsten Ausdruck findet, und über die auf Dauer alle Geschichten von gehänselten Gymnasialprofessoren und überaus witzigen und humorvollen Pennälern nicht hinwegtäuschen können" (zit. nach: Mix, 1995, S. 37). In der Tat haben die in dem neuen Genre des Schul-, Internats- oder Kadettenromans geschilderten tragischen Schülerkarrieren die Öffentlichkeit aufgerüttelt. Die Traditionslinie beginnt 1883 mit Conrad Ferdinand Meyers Novelle *Die Leiden eines Knaben*, in der die gewalttätige Erziehung eines Jesuitenpaters mit dem Tod des idealistischen Zöglings endet. In Hermann Hesses 1906 erschienenem Roman *Unterm Rad* scheitert der aus einem theologischen Seminar ausgeschlossene Seminarist an seinem Leben und zieht den Freitod vor. Ebenfalls als schroffe Anklage gegen die schulische Erziehung ist der 1902 erschienene Roman *Freund Hein* von Emil Strauss zu lesen, in dem die Hauptfigur, ein zwar ambitionierter, aber den Leistungsansprüchen nicht gewachsener Junge, sich das Leben nimmt. Thematisch verwandt, wenn auch der Gattung des Dramas zugehörig, ist Frank Wedekinds *Frühlings Erwachen*, entstanden 1891, aber von der Zensur erst 1906 zur Aufführung freigegeben. Hier schafft der Schüler Moritz, von sexuellen Vorstellungen verstört und am Lernen behindert, die Versetzung nicht mehr und nimmt sich das Leben. Die Auflistung thematisch ähnlicher Werke, die das Scheitern schulischer Erziehungsprozesse an rigiden, obrigkeitsstaatlichen Normen schildern, ließe sich um einige Dutzend erweitern. Angesichts einer solchen „Hochflut" fragt sich der renommierte Pädagoge Friedrich Paulsen 1906 nicht ohne Ironie, ob es denn kein

Schülerselbstmorde
als literarisches
Thema

„Hochflut" von
Schulromanen

beliebteres Thema gebe, als „die Niederhaltung und Ab-
marterung hochbegabter, zur Selbständigkeit des Denkens emporstrebender Jünglinge durch verständnislose,
pedantische, herrschsüchtige, blind am Alten hängende
Schulmeister" (zit. nach: Mix, 1995, S. 13)

Der Schulroman und seine Varianten wie der Inter-
nats- und Kadettenroman, die mit dem Umbruch zum
20. Jahrhundert in Mode kamen, thematisieren den sich
immer deutlicher abzeichnenden Gegensatz zwischen
dem nach Selbstverwirklichung und Ich-Identität stre-
benden jugendlichen Individuum und der an traditionellen Werten wie dem Gehorsam, der Disziplin und
der Unterordnung festhaltenden Gesellschaft. Im Kontext einer um die Jahrhundertwende sich verschärfen-
den Erziehungskrise und einer zunehmenden Kritik an
einem Obrigkeitsstaat, der nach wie vor auf den Erhalt
militärischer Werte und Tugenden bedacht ist, werden
die Schulen und die militärischen Erziehungsanstalten
auch in der Literatur ein Austragungsort gesellschaftli-
cher Spannungen. Die meist jungen Autoren, oft selbst
durch demütigende Schulerfahrungen geprägt, insistieren nun auf dem Erhalt ziviler Werte und menschlicher
Würde. Sie irritieren die literarische Öffentlichkeit mit
einer Flut von Romanen, die als Folge einer rigiden militärischen Erziehung Formen des Identitätsverlusts, der
Selbstverleugnung und der Ich-Entfremdung anpran-
gern.

Grundthematik des Schulromans

Vieles spricht dafür, dass Musil sich mit dem *Törleß* sehr
bewusst dieses erfolgreichen Genres des Schul- und In-
ternatsromans bedient hat, um nach bisher wenig be-
achteten literarischen Anfängen sich nun publizistische
Aufmerksamkeit zu sichern. Überdies bietet ihm die
Thematik Raum für psychologische und philosophische
Reflexionen und vor allem für die nur wenig kaschierte
Aufarbeitung autobiographischer Zusammenhänge.

Musils Einstieg in das Genre

Viele hätten geglaubt, ein Erlebnis-, wenn nicht gar ein
Bekenntnisbuch vor sich zu haben, so äußert sich Robert
Musil rückblickend über seinen 1906 erschienenen *Tör-
leß*, er habe aber auf den vorgezeigten Stoff gar keinen
Wert gelegt. Natürlich habe er „Ähnliches mit eigenen
Augen einmal gesehn" (Prosa, S. 967), aber es sei für ihn
persönlich zunächst wenig bewegend gewesen. Damit
wendet er sich einmal mehr gegen die Unterstellung,

*Autobiographi-
sche Zusammen-
hänge*

eigene sexuelle Erfahrungen ungefiltert in die Figur des Törleß projiziert zu haben. Tatsächlich aber basieren viele der im *Törleß* entfalteten topographischen Zusammenhänge und Handlungselemente auf vom Autor selbst erlebten Erfahrungen. Aufgrund zunehmender Konflikte mit seinen Eltern, aber auch mit eigener Zustimmung wurde der zwölfjährige Musil 1892 in die Militär-Unterrealschule in Eisenstadt gebracht, wo er jenes „fürchterliche, leidenschaftliche Heimweh" (S. 8) erlebt, das auch den jungen Törleß „plötzlich und elementar" (S. 10) überfällt. Zwei Jahre später besuchte Musil mit Beginn des Schuljahrs 1894/95 die Militär-Oberrealschule in Mährisch-Weiskirchen, dem heutigen Hranice in Tschechien. Sie, die allerdings immer eine Erziehungsanstalt des Militärs gewesen war und nicht „auf dem Boden einer frommen Stiftung errichtet" (S. 8) wurde, ist das Modell für das „Konvikt zu W." (S. 9), hinter dessen Mauern die Söhne der besten Familien auf das Leben vorbereitet werden.

Sowohl in Eisenstadt als auch in Mährisch-Weiskirchen begegnen Musil jene Mitschüler, die mit nur leicht veränderten Namen in den Roman eingehen: Jarto Reising von Reisinger, Sohn eines Majors, der zu Beginn der neunziger Jahre verschwindet und als verschollen gilt, wird zum Vorbild für die Figur des Reiting. Richard Freiherr von Boineburg-Lengsfeld, dessen abstehende Ohren durch Fotos dokumentiert sind, der schon bald bei einer militärischen Operation in Peking von einer Kugel getroffen wird und 1905 an der Verletzung stirbt, ist das Modell für die literarische Gestalt des Beineberg, der sich durch seinen Hang zu fernöstlicher Mystik auszeichnet. Für die Figur Basini lassen sich zwei Vorbilder ausmachen: Zum einen der Schüler Hugo Hoinkes, dem 1996 ein Diebstahl nachgewiesen wird und der daraufhin aus dem Militärinstitut entlassen wird. Zum andern Franz Fabiani, den ein Foto als „einen hübschen, ein wenig femininen Jungen mit sinnlichem Mund und großen, etwas (wenn man so sagen kann) schwülen Augen" zeigt und „der wohl als päderastisches Objekt für Boineburg und Reising diente" (Corino, 2003, S. 115). Wenngleich Musil immer darum bemüht ist, die im *Törleß* verarbeiteten biographischen Zusammenhänge herunterzuspielen, und er einem Rezensenten schreibt: „Der Zusammen-

Musils Aufenthalte in Militärschulen

Modelle für die Figuren im Törleß

Herunterspielen biographischer Zusammenhänge

hang mit diesem Institut, in dem ich aufwuchs, ist ein äußerlicher. Die Erinnerung lieferte mir nur das Motiv u. ich bemühte mich möglichst zu verschleiern" (Briefe I, S. 24), so ist bei der Ausgestaltung des Figurenarsenals wenig verschleiert. Einiges spricht dafür, dass Musils emotionale Beziehung zu seinem Stoff doch intensiver ist, als die späteren Selbstaussagen es nahelegen.

Zwar übernimmt Musil die Anlage der Militär-Oberrealschule in Mährisch-Weißkirchen recht genau. Die von einer Mauer eingefriedete Anstalt mit ihren Gebäuden und ihren Parks, das angrenzende Städtchen, das alte, fünfzehn Gehminuten entfernte Badhaus, in dessen Wirtshaus Prostituierte ihre Unterkunft hatten, finden im Roman ihre Entsprechung. Die dortige Lebensweise jedoch, aufgrund derer Musil in einer Tagebuchnotiz Mährisch-Weißkirchen drastisch als „das A-loch des Teufels" (Tagebücher I, S. 935) bezeichnet, geht in den *Törleß* nur sehr indirekt ein. In Mährisch-Weißkirchen nämlich herrschten der alte Unteroffiziersgeist der Militärerziehung (vgl. ebd.), die „Roheit" (ebd., S. 955), eine überzogene Disziplinierung und Unterdrückung: „Jeden Tag um zehn Uhr beim Rapport wurde die Klasse visitiert und wehe dem, der einen Fleck auf der Bluse hatte oder gar ein Knopf fehlte" (Corino, 2003, S. 105 f.), so schildert ein Zeuge die Erziehungsmaßnahmen. Ritualisierte Unterdrückungen und Quälereien waren unter den Schülern ebenso die Regel, wie es auch gemeinsame gewalttätige Übergriffe auf einzelne Lehrer gab. „Nur die Stärksten und seelisch Robustesten hielten es dort aus. Am Ende der sozialen Stufenleiter bei den Sensiblen und Schwachen herrschte die blanke Verzweiflung" (Corino, 2003, S. 118), so fasst der Musil-Biograph Karl Corino das soziale Klima der Militär-Oberrealschule zusammen.

Wenig von dem hat Musil in den Roman übernommen. Dennoch gab es zeitgenössische Leser, die den *Törleß* als „ein Schlüsselwerk des Erziehungswesens" (Prosa, S. 966) eingeschätzt haben, und Pädagogen, die „Genaueres" (ebd., S. 967) von seinem Autor erfahren wollten. Sicherlich können sich die Zöglinge des Konvikts zu W. frei bewegen, haben geregelten Ausgang, die auch als Arbeitsräume dienenden Klassenräume und die Schlafräume werden offensichtlich nicht überwacht. Eskalationen der Gewalt ahndet man erst dann, wenn sie in

Die Vorlage für das Konvikt zu W.

Härte der Militärerziehung

Schulroman nur in Teilen

einem Massenwahn enden oder in der Öffentlichkeit und bei Tageslicht geschehen. Dennoch thematisiert der Roman die Auswirkungen des Internatslebens mit seiner Geschlossenheit und seiner Lebensferne, allerdings ohne sich deshalb bereits im Genre des „Schul- und Internatsromans" zu erschöpfen.

Deutlich dargestellt wird die Langeweile, die Törleß zwischen einzelnen Episoden, wie der kurzen Freundschaft mit dem Fürsten, immer wieder lähmt. Von Besuchen im Elternhaus abgesehen, ist für ihn der Alltag seit vier Jahren auf das abgeschlossene Leben des Konvikts beschränkt und später auf sonntägliche Besuche bei der hässlichen Dorfhure Božena. Für eine literarische Aufarbeitung tiefergehender Lebensfragen bietet die Bibliothek des Konvikts keine Anreize: „Denn dort waren in der Büchersammlung wohl die Klassiker enthalten, aber diese galten als langweilig, und sonst fanden sich nur sentimentale Novellenbände und witzlose Militärhumoresken." (S. 16) So ist Törleß der „lähmenden Gewalt der Enge" (S. 29) ausgeliefert, den Zwängen des Stundenplans und des Lehrstoffs, der Erwerb von Weltwissen findet nicht statt. Eine jener Schlüsselsituationen,

in denen schulischer Unterricht in seiner Fragwürdigkeit offenkundig wird, leitet Törleß mit dem Bekenntnis ein, ihn vergnüge wenigstens das sophistische Erproben seiner Argumentationsfähigkeit. Beineberg tut dies als Spielerei, als Turnen mit dem Gehirn ab, aber beide können sich darauf verständigen, dass man mit dem Lehrstoff zwar dem Stundenplan genüge, dabei aber innerlich „leer" (S. 30) bleibe. Die gemeinsame Reflexion über die Nutzlosigkeit schulischen Wissen gipfelt schließlich in einer Aporie, in einem nicht zu lösenden Problem: Da einem nicht bekannt sei, was das spätere Leben von einem fordere, könne man auch nicht wissen, worauf man in der Schule warte. Törleß fasst den Zustand pointiert in Worte: „Ein ewiges Warten auf etwas, von dem man nichts anderes weiß, als daß man darauf wartet … Das ist so langweilig …" (S. 31).

Als für Törleß ein schulischer Stoff, das Rechnen mit imaginären Zahlen, nicht mehr eine tote Lernaufgabe bleibt, sondern ein lebendiges Problem geworden ist, und er versucht, von seinen Lehrern mehr zu fordern, als der Unterricht ihm vermitteln kann, versagt die Institution. Hier aber die Schuld einer sich rigide abgrenzenden schulischen Obrigkeit zuzuschieben, würde der differenzierten Gestaltung der Gesprächsszene zwischen Törleß und dem Mathematikprofessor nicht gerecht. Zwar weist bereits das Arbeitzimmer des noch nicht einmal dreißig Jahre alten Lehrers alle Anzeichen biederer Behäbigkeit auf: Der Schreibtisch ist „mit Tintenflecken übertropft", eine „ausgeblichene Studentenmütze" und „nachgedunkelte Photographien" vom Studentenleben hängen über dem Sofa, die Verzierungen der Tischbeine sind von „mißglückter Artigkeit", und über allem schwebt ein Dunst von „billigem Knaster" (S. 106). Wenig stimmig ist auch die äußere Aufmachung des Professors: Die „groben weißen Wollsocken", die von den Stiefeln geschwärzten „Bänder der Unterhose" passen nur wenig zur Krawatte, die als „prächtig buntscheckig wie eine Palette" (S. 107) beschrieben wird. Dies ist eher die realistische Wiedergabe eines bürgerlich engen Milieus als eine satirisch überzeichnende Kritik. So ist die kommunikative Ungeschicklichkeit des Professors, der keinen Einstieg ins Gespräch finden kann, der in vorgestanzten Höflichkeitsfloskeln redet und Törleß ins Wort fällt, als professionelle Hilflosigkeit zu deuten. Seine Strategie, die eigenen Befugnisse in einer zur Schau getragenen Bescheidenheit einzuschränken und gleichzeitig das Fachproblem zu überhöhen und seinen eigenen Wissenschaftsbereich als nur für Auserwählte und Eingeweihte betretbar zu bezeichnen, ist alter akademischer Stil. Törleß, der seinem Lehrer das Gespräch allerdings auch nicht leicht macht, mit einer Buchempfehlung abzuspeisen und ihm gleichzeitig zu bedeuten, dass dessen Lektüre seine geistige Reichweite überschreite, ist pädagogisches Fehlverhalten und dient allenfalls der Sicherung des eigenen professoralen Status. Durch die detailgenaue Darstellung zeittypischer Verhaltensweisen ohne satirische Überspitzungen erzielt Musil die sozialkritische Wirkung dieser Szene.

Merkmale des Satirischen weist schon eher das Verhalten der drei Lehrer und des Direktors beim Verhör des zuvor geflohenen Törleß auf. In seiner Konstellation und seiner Zeichnung der skurrilen Lehrergestalten ist es zwar der eindeutig als Satire angelegten Lehrerkonferenz in Wedekinds Drama *Frühlings Erwachen* nicht

Biederkeit des Professors

Professionelle Hilflosigkeit

Satirische Aspekte des Verhörs

unähnlich, jedoch ist die satirische Überzeichnung bei weitem nicht so schrill. Der Klassenlehrer, der Mathematik- und Religionslehrer sowie der Direktor verhalten sich wohlwollend und freundlich, versuchen allerdings, Törleß' Aussagen umzubiegen und ihm die in ihrem Sinne richtigen Worte in den Mund zu legen. Statt gezielter nach den Motiven für Törleß' Verhalten zu forschen, ziehen sie seine Sätze in ihren eigenen Wahrnehmungshorizont, um sich des ganzen Vorfalls möglichst schnell zu entledigen. Schließlich lauern sie mit Ungeduld auf eine halbwegs annehmbare Erklärung und lösen den Fall durch Rücküberweisung des als überreizt erklärten Törleß ins Elternhaus. So wird in aller Freundlichkeit das vermeintlich den Normen der Anstalt nicht mehr entsprechende Individuum ausgegrenzt.

Drängen auf schnelle Entscheidung

Schließlich setzt auch der Erzähler schul- und erziehungskritische Akzente, wenn er darauf verweist, dass dort, „wo die jungen aufdrängenden Kräfte hinter grauen Mauern festgehalten" (S. 161) würden, sich selbstverständlich wollüstige Bilder in ihrer Fantasie stauen müssten. Wenn man sich die „ehrbar verkümmerte Erscheinung der meisten Lehrer" (vgl. ebd.) vor Augen führe, Gestalten „mit schmalen Schultern, mit spitzen Bäuchen auf dünnen Beinen und mit Augen, die hinter ihren Brillen harmlos wie Schäfchen weideten, als sei das Leben nichts als ein Feld voll Blumen ernster Erbaulichkeit" (ebd.), dann wirke das Wort „Moral" lächerlich. Obgleich in Musils *Törleß* ein Prozess der Selbstentfremdung und schließlich, gegen alle Widerstände, auch der Selbstfindung geschildert wird und er in einigen Merkmalen einem Schul- und Internatsroman auch entspricht, lässt er sich mit diesem Genre doch nicht angemessen erfassen. Sicher schuldet er dem zu Beginn des Jahrhunderts herrschenden Zeitgeist seinen schnellen Erfolg in der literarischen Öffentlichkeit. Dass der Roman alle Zeitströmungen überdauert hat und auch heute noch von ungebrochener Aktualität ist, verdankt er den darin verarbeiteten philosophischen, psychologischen und soziologischen Aspekten.

Schulkritische Äußerungen des Erzählers

Törleß vielschichtiger als ein Schulroman

Verschiedene Welten und Erlebnisweisen

Das Motto von Maurice Maeterlinck, das Musil dem *Törleß* vorangestellt hat, verbildlicht ein zentrales Thema des Romans: die Unvereinbarkeit von intuitiver Erfahrung und ihrer gedanklich-verbalen Aufarbeitung. In der poetischen Sprache der Allegorie entwickelt Maeterlinck die Erkenntnis, dass die durch unmittelbares Anschauen und Erleben gewonnenen Schätze, wenn sie auf die Ebene der Sprache gehoben werden, ihren Wert verlieren. Es ist dies einer der zentralen Gedanken aus Maeterlincks 1898 in deutscher Sprache erschienenem Essayband *Der Schatz der Armen*. Der belgische Autor, der um die Jahrhundertwende einen furiosen Aufstieg als Autor von Dramen erlebte, die, so die Begründung für den 1911 erhaltenen Literatur-Nobelpreis, „tiefe Ergriffenheit offenbarend – Gefühl und Einbildungskraft des Lesers bewegen" (*Harenbergs Lexikon der Weltliteratur*, S. 1864), entwickelt in seinen Essays eine mystische Philosophie. Mehr aus Bruchstücken der philosophischen Tradition denn aus eigenen Gedanken zusammengesetzt, sind die Essays jedoch in eine brillante sprachliche Form gebracht und treffen den Nerv ihrer Zeit, indem sie den Aufbruch eines neuen mystischen Jahrhunderts verkünden. Die Intuition an die Stelle der Reflexion setzend, preist Maeterlinck das Schweigen als Modus mystischen Erlebens: „Das Schweigen ist das Element, in dem sich die großen Dinge bilden, um zuletzt vollkommen und majestätisch emporzutauchen an das Licht des Lebens, das sie beherrschen sollen." (Maeterlinck, 1906, S. 1)

An seinen Tagebucheintragungen ist zu erkennen, dass der an philosophischen Fragen äußerst interessierte Musil sich während der Arbeiten am *Törleß* intensiv mit Maeterlincks spiritualistischen Ideen auseinandergesetzt hat. Dafür sprechen die vielen mit kurzen Kommentaren versehenen wörtlichen Exzerpte. So notiert er in seinem Tagebuch von 1904/05 in Auszügen einen Kommentar, den Maeterlinck zu einem Buch des mittelalterlichen Einsiedlers und Mystikers Ruysbroek formuliert: „Der Spiegel des menschlichen Verstandes ist in diesem

Motto des Romans

Maeterlinck als Modeautor

Musils Maeterlinck-Rezeption

Buch völlig unbekannt; aber es gibt einen anderen Spiegel, der dunkler und tiefer ist, und den wir im innersten Kern unsres Wesens bergen; auf ihm lässt sich keine Einzelheit scharf erkennen, und die Worte haften nicht auf seiner Oberfläche. Die Vernunft zerbräche ihn, wenn sie einen Augenblick ihr weltliches Licht darauf fallen ließe" (Maeterlinck, 1906, S. 58 f.). Musil setzt hinzu: „Irgend etwas zeigt sich. Die Seele? Gott? M. [Maeterlinck]

Beziehung
zu Törleß'
Problemen

weiß es nicht. Er behauptet, alle mystischen Gedanken usw. nachleben zu können, nur diese nicht. Dennoch empfindet er eine unaussprechliche Gewißheit." (Tagebücher I, S. 134 f.) Dieser Gedanke Maeterlincks und Musils angehängter Kurzkommentar verweisen unmittelbar auf Törleß' Wahrnehmungsproblem: auf die seinem Verstand entzogene dunkle Wahrnehmung einer anderen Wirklichkeit, auf die Unschärfe dieser Visionen, die letztlich nicht erkennbar sind, auf die Unfähigkeit, sie begrifflich zu präzisieren, und das Gefühl einer „unaussprechlichen", der Sprache entzogenen Gewissheit ihrer Existenz.

Merkmale
mystischen
Erlebens

Unter den Begriff der Mystik lassen sich religiöse wie philosophische Strömungen fassen, die durch unterschiedliche meditative Rituale, durch Kontemplation, d. h. durch anschauendes Sich-Versenken, aber auch durch Zustände der Ekstase eine unmittelbare Verbindung zu anderen Welten wie dem Göttlichen, der Natur, dem Kosmos oder der menschlichen Gemeinschaft suchen. Gemein ist allen Spielarten der Mystik, dass sie ihre Erkenntnisse nur über die direkte Erfahrung und Anschauung beziehen, begriffliches Denken und sprachliche Vermittlung ausschließen. Dies macht den Nachvollzug mystischer Erfahrung für Außenstehende fast unmöglich, das Erlebte und Geschaute ist kaum vermittelbar. So leidet auch Törleß daran, seinem mystischen Erleben durch rationales Denken nicht auf den Grund gehen zu können und bei allen Versuchen einer sprachlichen Vermittlung letztlich zu scheitern.

Anfänge
mystischer
Erfahrung

Sein erstes Erlebnis mystischen Schauens datiert in seine Kindheit, er berichtet es Beineberg während der beginnenden Abenddämmerung in der Konditorei. Das plötzlich erkannte Verlassen- und Einsamsein in einem dunklen Wald zur Zeit des Übergangs vom Tag zur Nacht macht den kindlichen Törleß empfänglich für eine überraschend neue Wahrnehmung der Natur. Die Bäume werden für ihn lebendige Wesen, schauen ihm zu, er fühlt in der Natur „dieses plötzliche Schweigen, das wie eine Sprache ist, die wir nicht hören" (S. 31). Törleß' mystisches Einswerden mit der Natur bleibt allerdings in den Ansätzen, die Botschaft der Natur erschließt sich nicht. Auffällig ist hier, dass das Schweigen, im Sinne Maeterlincks das Element mystischen Erlebens, als eine nicht hörbare Sprache bezeichnet wird, als eine Botschaft, deren Sinn sich dem Empfänger nicht erschließt. Die Unzulänglichkeit dieser Ausdrucksweise kommentiert denn auch Beineberg mit der Bemerkung, er kenne das nicht, was Törleß meine. Beinebergs Gegenrede, man könne noch nicht einmal sicher sagen, dass Dinge keine Seele hätten, lässt Törleß verstummen. Die dafür vom Erzähler gegebene Erklärung: „Beinebergs spekulative Auffassung behagte ihm nicht" (ebd.) lässt erkennen, dass Törleß sich durch das rationale Argumentieren seines Kameraden in seinem mystischen Erleben gestört fühlt.

Beinebergs spekulative Gegenrede

Ist es in dem erinnerten Erlebnis aus Törleß' Kindheit das schwindende Tageslicht, das damals und auch später mystische Stimmungen eingeleitet hat und immer noch einleitet, so zieht in der ersten Schlüsselszene auf dem Dachboden die umgekippte Lampe, deren Licht „verständnislos und träge" (S. 98) über den Boden fließt, den in Ekstase geratenen Törleß „zu einer fremden Welt". (S. 100) Wieder ist es das Licht, das in ihm mystische Visionen entstehen lässt und sich zu einem Auge wandelt. Diesmal versucht er den spöttisch reagierenden Beineberg durch eine Rationalisierung von seiner Vision zu überzeugen: Aus den Augen wirke „mitunter eine Kraft, die in keinem Physikunterricht ihren Platz hat; – sicher ist auch, dass man einen Menschen oft weit besser aus seinen Augen errät als aus seinen Worten." (Ebd.)

Licht als Medium mystischer Versenkung

Erneut stellt sich in Törleß die Vorstellung ein, etwas erraten zu müssen, das er in sich „hineintrinken" wolle. Als Beineberg auch weiterhin nicht auf die Visionen eingeht, wird Törleß deutlich, worin er sich von seinen Kameraden unterscheidet: „Er fühlte, dass er diese Ereignisse mit einem Sinne mehr in sich aufnahm als seine Gefährten." (Ebd.) Immer wieder gleitet Törleß' Wahrnehmung in andere Wirklichkeitsdimensionen, sieht er Menschen, „wie er sie noch nie gesehen, noch

Der eine Sinn mehr

nie gefühlt" (S. 77) hat, wird er „von ihrer Eindringlichkeit tausendfach durchbohrt" (ebd.) und erlebt, wie seine Visionen verschwinden, „sobald er nach Worten suchte, um ihrer Herr zu werden." (Ebd.) Deutlich wird hier und an anderen Stellen, wie Musil in der Ausgestaltung der Figur Törleß in einen Diskurs mit Maeterlincks mystischer Philosophie tritt und die Unvereinbarkeit mystischer Erfahrung mit der Rationalität der Sprache thematisiert.

Rationalität und Mystik

Wie der Autor Musil selbst, so beschränkt sich auch Törleß in seiner Auseinandersetzung mit der Welt nicht auf den Modus mystisch intuitiven Erlebens, zumal er immer wieder erfahren muss, dass er auf dem Weg zu anderen Welten ins Stocken gerät. „Rationalität u. Mystik", so schreibt Musil 1920 in seinem Tagebuch, „das sind die Pole der Zeit" (Tagebücher I, S. 389). Rationales Denken wie intuitives Erfassen sind nach Musil notwendige Wahrnehmungs- und Verarbeitungsformen in der Auseinandersetzung mit der modernen Welt, wenn auch das rationale Denken gelegentlich auf tönernen Füßen steht und, wie Musil es formuliert, zuunterst auch hier der Boden schwanke (vgl. Prosa, S. 1027). So versucht Törleß,

Selbstreflexion in schriftlicher Form

in einer „De natura hominum" betitelten Schrift sich seiner selbst auf reflexivem Wege zu nähern. Wieder ist es Abend, als er sich vornimmt, seine bisherigen Erfahrungen „Faktum für Faktum" aufzuzeichnen, damit sich eine „richtige, verstandesgemäße Fassung" (S. 125) ergebe. Doch Rationalität und Spiritualität kämpfen miteinander. Einerseits erfordert der „philosophische Gegenstand" (S. 124) eine analytische Präsenz, andererseits hält ihn die „hypnotische Stimmung der großen, heißen Lampen" (S. 125) unbeweglich fest. Nach wirren Anfängen schreibt er schließlich in kurzen, prägnanten Sätzen seine mystischen Erfahrungen nieder und vergleicht seinen Zustand mit „der Aufregung eines Menschen, der einem Gelähmten die Worte von den Verzerrungen des Mundes ablesen soll und es nicht zuwege bringt." (S. 126) Törleß kann sein Dilemma jetzt deutlich benennen: Bewusst ist ihm, dass er über einen Sinn mehr als die anderen verfügt, es quält ihn jedoch, dass der Sinn nicht fertig entwickelt ist und „nicht funktioniert" (ebd.). Die reflexive Vergewisserung seiner selbst gipfelt schließlich in der Frage, ob er nun ein „Seher oder ein Halluzinierter" (ebd.) ist, ob seine Sinne zu tatsächlich existierenden anderen Wirklichkeitsdimensionen vordringen oder ob seine eigene Fantasie ihm nur Trugbilder vorgaukelt. Noch findet Törleß keine Antwort. Als übernehme er von Maeterlinck das Bild vom tief in unserem Inneren vorhandenen dunklen Spiegel, auf dessen Oberfläche die Worte nicht haften, formuliert der gegen Ende des Romans gereifte Törleß vor der Kommission seine Erkenntnis: „Es ist etwas Dunkles in mir, unter allen Gedanken, das ich mit den Gedanken nicht ausmessen kann, ein Leben, das sich nicht in Worten ausdrückt und das doch mein Leben ist" (S. 196). Die Angst vor den mystischen Visionen und vor seiner Unfähigkeit, die an ihn gerichteten Botschaften zu entziffern, hat sich gelegt und der Gewissheit Platz gemacht: „Die Dinge sind die Dinge und werden es wohl immer bleiben; und ich werde sie wohl immer bald so, bald so ansehen." (Ebd.)

Im Gegensatz zu Törleß, dessen mystische Erlebnisse und Visionen ganz wesentlich zu seiner Verwirrung beitragen, verfügt Beineberg scheinbar souverän über die gängigen Spielarten mystischen Denkens und integriert sie in ein gefestigtes Weltbild. Wenig wird berichtet über seine mystischen Erfahrungen, desto weitschweifiger aber unterbreitet er seine Kenntnisse über Okkultismus, die Wahrnehmung übersinnlicher Kräfte, sowie über hinduistische Mystik und Geheimlehren. In sein Denken hat Musil Vorstellungen des amerikanischen Schriftstellers und Philosophen Ralph Waldo Emerson eingearbeitet, dessen *Essays* zwischen 1894 und 1897 in deutscher Übersetzung erschienen und an deren Verbreitung in Europa Maeterlinck mitgewirkt hat. So könnte Emersons Gedanke: „Der höchste Kritiker über die Irrtümer der Vergangenheit und Gegenwart und der einzige Verkünder dessen, was sein muß und wird, ist allein jene Allnatur, in der wir ruhen, wie die Erde in der weichen Umarmung der Luft: jene Einheit, jene Überseele, in welcher jedes Menschen Sondersein enthalten ist und mit jedem andern zur Einheit verschmolzen wird" (Emerson, 1902, S. 74 f.), durchaus auch von Beineberg gesprochen sein. Wenn Beineberg behauptet, es sei falsch zu sagen, die mechanischen Gesetze der Welt ließen sich nicht beeinflussen, es habe doch Menschen gegeben, denen das gelungen sei (vgl. S. 60), so hat Musil hier einen Gedanken Maeterlincks aufgegriffen: „Es gibt in der Geschichte eine gewisse Zahl solcher Perioden, in denen die Seele, unbekannten Gesetzen zufolge, gleichsam an der Oberfläche der Menschheit auftaucht und ihr Dasein und ihre Macht unmittelbar bestätigt. [...] Die Menschheit ist, wie es scheint, in diesen Zeiten im Begriff gewesen, die lastende Bürde der Materie ein wenig abzuschütteln. Es herrscht dann eine Art geistiger Erleichterung, und die starrsten und unbeugsamsten Naturgesetze geben hier und da nach." (Maeterlinck, 1906, S. 12 f.) Der okkultistische, Anfang des Jahrhunderts in Mode gekommene Versuch der Levitation, einer durch suggestive Kräfte erwirkten Aufhebung der Schwerkraft und das Schweben eines menschlichen Köpers im Raum, ist Beineberg mit dem Opfer Basini allerdings nicht gelungen. Beineberg kann mit seinen beredt vorgetragenen mystischen Gedanken Törleß zwar beeindrucken, ihm aber nicht helfen. Beineberg nutzt, die Tradition seines Vaters fortführend, seine Mystik und seinen Okkultismus dazu, sich ein beeindruckendes Image aufzubauen und damit Macht auszuüben.

Mit der gleicher Intensität, mit der Törleß die Aufarbeitung seiner mystischen Erlebnisse angeht, versucht er auch, dem als „Sprung" erlebten Wechsel unterschiedlicher Wirklichkeitsbereiche auf die Spur zu kommen. Die Nachricht von Basinis Diebstahl schlägt „wie ein Stein in die unbestimmte Einsamkeit seiner Träumereien" (S. 64). Hat Törleß bisher die geregelte, durchsichtige Welt der sich zwischen „Bureau und Familie" (S. 65) bewegenden Menschen, das straff reglementierte, von klaren Normen bestimmte Leben im Konvikt als „hell" erlebt, so wird er nun schlagartig mit der finsteren Welt des „ausschweifend Schmutzigen" (ebd.) konfrontiert. Der Vergleich mit einer „Falltüre", die sich geöffnet und Basinis Sturz verursacht habe, verweist gleichzeitig auf die Unberechenbarkeit und das Sprunghafte des Geschehens wie auch auf den Absturz ins Bodenlose eines tieferen Wirklichkeitsbereichs, einer „dumpfen, brandenden, leidenschaftlichen, nackten, vernichtenden" (S. 64) Welt. Basinis Fall, den Törleß so erlebt, als habe mit dem Verstoß gegen die Normen der geordneten Welt auch der Mensch „gewechselt" (ebd.), wirkt auf Törleß wie ein Schock.

Misslungener Versuch der Levitation

Wechsel der Wirklichkeitsbereiche

Falltüre in die Tiefe

Dieser Schock ist nicht allein damit zu erklären, dass Basinis Diebstahl und das zwielichtige Treiben auf dem Dachboden gegen die von Törleß verinnerlichten Werte und Normen seiner Lebenswelt verstößt. Nur wenig ist von einer echten moralischen Entrüstung zu spüren, vielmehr dominieren bei Törleß eher dunkle Gefühle der Bedrohung. Der soziologischen Forschung zu den Strukturen der Lebenswelt folgend, lässt sich Törleß' schockartige Reaktion mit seinem Wechsel in ein anderes, neue Verhaltensweisen erforderndes Sinngebiet der Wirklichkeit erklären. Solche „geschlossenen Sinngebiete" (Schütz/Luckmann, 1979, S. 49 f.) sind beispielsweise die Traumwelt, die Welt der Wissenschaft oder der Religion, der Mystik oder des Spiels. Die Geschlossenheit eines solchen Sinngebiets beruht auf dem ihm jeweils eigenen Erlebnis und Erkenntnisstil, der Spannung des Bewusstseins, d. h. dem geforderten Grad der Wachheit, den Formen der Spontaneität, des Urteilens, der Selbsterfahrung, dem Verhältnis von Einsamkeit und Geselligkeit und dem Umgang mit der Zeit. „Der Übergang von einem Sinngebiet zum anderen kann sich nur durch einen ‚Sprung'" vollziehen, so formuliert Schütz, und ein solcher ‚Sprung' ist „von einem Schockerlebnis begleitet, das durch die radikale Veränderung der Bewußtseinsspannung verursacht wird." (Ebd., S. 50) Das betroffene Individuum ist dann genötigt, den „Realitätsakzent" (ebd., S. 51) auf das andere Sinngebiet zu verlegen. Herauszufinden, was bei jenem Wechsel in ein anderes Sinngebiet mit ihm geschieht, was beim Sprung über die „aneinanderstoßenden" Grenzen „schreiend in die Höhe" (S. 65) schießt und plötzlich verlischt, ist Törleß ein existenzielles Bedürfnis. Nur so ist zu verstehen, dass er Basinis Versuch, die Motive seines Diebstahls aus dem sozialen Kontext heraus zu erklären, ungeduldig unterbricht, um beharrlich auf der Klärung jener psychischen Vorgänge zu insistieren, die den Augenblick des Sprungs in das andere Sinngebiet begleiten. Als Basini schließlich, nachdem er eine Kette inquisitorischer Fragen erduldet hat, weinend und gequält aufgibt, nimmt das Geschehen eine überraschende Wendung. In einer Bündelung von Fragen, mit denen Törleß in seiner Erregung das semantische Feld des Sprungs und des Springens in unterschiedlichen Bedeutungsnuancen auffächert, ver-

Soziologischer Erklärungsansatz

Geschlossene Sinngebiete und ihr Stil

Wechsel der Sinngebiete

Törleß' Forschen nach dem Sprung

sucht er ein letztes Mal, an Basinis Erfahrungen teilzuhaben: „Was vollzieht sich in dir? Zerspringt etwas in
dir? Sag! Jäh wie ein Glas, das plötzlich in tausend Split-
ter geht, bevor sich noch ein Sprung gezeigt hat? Das
Bild, das du dir von dir gemacht hast, verlöscht es nicht
mit einem Hauche; springt nicht ein anderes an seine
Stelle, wie die Bilder der Zauberlaternen aus dem Dunkel springen?" (S. 148) In der gehäuften Verwendung der
Metaphorik des Springens, des „Zerspringens" als Bers-
ten, des „Sprungs" in der Bedeutung des Risses und des
Bildsprungs der Zauberlaterne, der Vorgängerin des Dia-
Projektors, gibt sich Törleß' leidenschaftliches Forschen
nach den Gefühlen in jenen Sekunden des Sprungs auch
sprachlich zu erkennen.

Basinis
Gegenwehr

Die überraschende Wende des Gesprächs bewirkt schließlich Basini mit dem wie ein Befreiungsschlag wirkenden
Satz: „Du würdest ebenso handeln wie ich." (Ebd.) Damit unterstellt er, Törleß würde, wenn er sich in Basinis
Wirklichkeitsbereich bewegt hätte, sich wie dieser in die
Macht eines Beineberg und Reiting begeben haben. Allein schon die von Basini konstruierte Vorstellung, Törleß könnte die Grenze in dessen Sinnsystem überspringen-
gen, führt dazu, dass sich Törleß' Selbstbewusstsein „in
heller Verachtung" gegen die „bloße Zumutung" (ebd.) ei-

Verständnis
für Basinis
Unwissenheit

ner solchen Vorstellung auflehnt. Dann aber lässt Törleß
diese Fiktion an sich heran und kommt zu der Einsicht,
dass er dabei „ebensowenig Außergewöhnliches" (S. 149)
empfinden würde wie Basini. Dies ließe sich soziologisch
damit erklären, dass Törleß nunmehr Teil einer neuen
Alltagswelt wäre, die dann als Wirklichkeit hingenommen wird. „Über ihre einfache Präsenz hinaus bedarf sie
keiner zusätzlichen Verifizierung." (Berger/Luckmann,
1993, S. 26)

In dieser Situation wird Törleß wieder die kurz zuvor
gefallene Bemerkung Basinis bewusst, Beineberg und
Reiting würden dafür sorgen, dass Törleß mit ihren Ent-
scheidungen einverstanden sei. Dass er in jener Situation der Bedrohung und des Erschreckens „blitzschnell

Törleß'
Erforschung
der eigenen
Schockerfahrung

nach Paraden und Deckungen gesucht" (S. 149) hat, ist
für ihn nun der Anlass, sich diese Sekunden des Schocks
noch einmal zu vergegenwärtigen. Diesen „Punkt in
ihm wieder aufzufinden" (S. 150), an dem sich der per-
spektivische Sprung vollzogen hat, „diese raschen, ge-

dankenlose Impulse" (S. 149) wieder zu spüren, gelingt ihm zwar nicht, doch erkennt er, dass die spontanen Reaktionen der Situation ihre Bedrohlichkeit genommen haben. Nun ahnt Törleß, dass er nach etwas geforscht hat, was sich auf rationalem und analytischem Weg nicht ermitteln lässt. Noch einmal konfrontiert er seine Alltagswelt mit der Basinis, indem er, neben Basini liegend, einen Brief seiner Eltern liest. Dabei erkennt er, „daß seine Eltern wohl durch das allzu Taghelle ihres Daseins blind gegen das Dunkel seien, in dem seine Seele augenblicks wie eine geschmeidige Raubkatze kauerte." (S. 183) Dann aber entscheidet er sich doch endgültig für die gewohnte Alltagswelt seiner Herkunft.

Rückkehr in die eigene Alltagswelt

Macht, Sadismus, Masochismus

Wenngleich Musil seine biographischen Erfahrungen in den Militärschulen, den dort herrschenden „unteroffiziersmäßigen" Geist (Tagebücher I, S. 963), im *Törleß* weitgehend ausblendet, so ist doch davon auszugehen, dass das Konvikt zu W. als Ausbildungsstätte für die Söhne der gesellschaftlichen Oberschicht den rigiden Erziehungsstil der Epoche in seinen Grundstrukturen ebenfalls kultiviert. Grundprinzip der auf höhere Funktionen in der Politik und im Militärwesen vorbereitenden Ausbildung ist die Vermittlung von Disziplin durch Härte. „Wer hart ist gegen sich", so der Sozialwissenschaftler und Philosoph Theodor W. Adorno, „der erkauft sich das Recht, hart auch gegen andere zu sein, und rächt sich für den Schmerz, dessen Regungen er nicht zeigen durfte, die er verdrängen musste" (zit. nach Schröder-Werle, 2001, S. 155).

Disziplin als Erziehungsziel

Unter diesem Aspekt lässt sich zunächst die rote Kammer auf dem Dachboden als eine Gegenwelt deuten, in der die Grundlagen militärischer Erziehung in verzerrter, pervertierter Weise ihre Fortsetzung finden. Ist sie für Törleß, der zu den empfindsamen, ästhetisch orientierten Naturen zählt, die nur unter Preisgabe ihrer Persönlichkeit und psychischem Leiden überleben, wie ein Fluchtpunkt „tief in dem Inneren eines Berges" (S. 54), so bedeutet sie für Beineberg und vor allem für Reiting eine Bühne für die Inszenierung sadistischer Machtspiele.

Rote Kammer als Gegenwelt

Reitings Machiavellismus

Um sich für den Aufstieg in einer von hierarchischen Machtstrukturen geprägten Gesellschaft vorzubereiten, entwickelt Reiting vor allen anderen ein ausgeprägtes Machtdenken. Es ist jene Form der skrupellosen Machtentfaltung, die mit der 1532 erschienenen, von Machiavelli verfassten Schrift *Il Principe* (dt. *Der Fürst*), als „Machiavellismus" bezeichnet wird. Für Machiavelli ist der Erhalt der Macht eine politische Tugend und ein Selbstzweck, dem gegenüber die Wahrung des Rechts untergeordnet ist. Wer die Macht erhalten will, darf vor keiner List oder Grausamkeit zurückschrecken, vielmehr rechtfertigt der Erfolg die Mittel. Vor diesem gedanklichen Hintergrund schafft sich Reiting ohne die geringsten Skrupel durch klug arrangierte Intrigen, durch Inszenieren und Ausnützen von Abhängigkeiten und Mehrheiten in der Gruppe der Gleichaltrigen eine dominante Position. Im Sinne Adornos ähnelt er jenem

Manipulativer Charakter

„manipulativen Charakter", der sich auszeichnet „durch Organisationswut, durch Unfähigkeit, überhaupt unmittelbare menschliche Erfahrungen zu machen, durch eine gewisse Art von Emotionslosigkeit, durch überwertigen Realismus. Er will um jeden Preis angebliche, wenn auch wahnhafte Realpolitik betreiben." (Ebd., S. 156) Zusammenfassend bezeichnet Adorno jenen manipulativen Charakter als den „Typus des verdinglichten Bewusstseins": „Erst haben die Menschen, die so geartet sind, sich selber gewissermaßen den Dingen gleichgemacht. Dann machen sie, wenn es ihnen möglich ist, die anderen den Dingen gleich." (Ebd., S. 156 f.)

Reitings Realitätsprinzip

In der Tat ist Reitings Denken und Handeln eng an der Gestaltung seiner Alltagsbezüge orientiert. Törleß, der als Gegenpol zu Reiting oft „in finsterem Nachdenken – gleichsam über sich selbst gebeugt" (S. 18) dasitzt und alles nur als „ein Spiel" (S. 57) empfindet, kann den aus seiner Sicht überzogenen Realitätsbezug von Reiting und auch Beineberg nicht nachvollziehen. Mit Bezug auf die Geschehnisse in der roten Kammer stellt er fest, dass Beineberg und Reiting „diese Dinge furchtbar ernst" (S. 54) nehmen, sein Verständnis versagt, wenn er sieht, „wie sehr seine beiden Freunde diese Dinge ernstnahmen" (S. 57). Reitings Plan, in die große Politik zu gehen, seine Vision von Staatsstreichen hält Törleß im Sinne einer „wahnhaften Realpolitik" für unvorstellbar, räumt aber ein: „Dennoch verstand Reiting Ernst zu machen. Vorläufig nur im kleinen." (S. 56)

Auch Spuren der Verdinglichung in Form einer unter dem Zwang zur Unterordnung erlebten Entfremdung von sich selbst und seinen ureigenen Bedürfnissen sind in Reitings unablässiger Organisation seiner Machtbereiche unschwer zu erkennen. Das Überhandnehmen eines instrumentellen Umgangs mit seinen Klassenkameraden, die Gestaltung des sozialen Lebens unter dem Prinzip des Machterhalts, verstellt die Möglichkeit, jene „unmittelbaren menschlichen Erfahrungen" zu machen, die im Sinne Adornos für einen nicht entfremdeten Menschen unabdingbar sind. Dass aus einer solchen Form der Selbstentfremdung auch die Neigung entsteht, Menschen wie Dinge zu behandeln, zeigt Reitings Umgang mit Basini nur zu deutlich. Nicht allein die menschenunwürdige Art, wie Reiting Basini Schritt für Schritt gefügig macht und zu seinem Sklaven degradiert, sondern auch die distanzierte, zynische Erzählweise zeigt Merkmale der Verdinglichung. Wenn Reiting über Basini sagt: „Mir machte er Spaß, das war so ein Mensch, den ich bisher unter den fünfzig anderen gar nicht beachtet hatte" (S. 59), oder wenn er seine Überlegenheit hervorhebt: „Ich lehnte mich zurück, um den Eindruck zu beobachten. Er war kirschrot geworden; die Worte, an denen er würgte, trieben ihm den Speichel auf die Lippen" (S. 61), dann klingt dies, als inszeniere er ein sadistisches Experiment. Basini schließlich als „gequältes, wehrloses, kleines Tierchen" (ebd.) zu bezeichnen, ist ein Akt der Depersonalisierung, der bereits auf die Basini noch drohenden Quälereien hinweist. Nicht minder verdinglicht ist Beinebergs Umgang mit Basini, doch übertrifft er, der Ideologe unter den Dreien, die anderen noch insofern, als er sein Verhalten mit einer haarsträubenden Argumentation rechtfertigt. Basini berichtet über ihn: „Er sagt, wenn er mich nicht schlagen würde, so müßte er glauben, ich sei ein Mann, und dann dürfte er mir gegenüber auch nicht so weich und zärtlich sein, so aber sei ich seine Sache, und da geniere er sich nicht." (S. 143) Gefühlskalt ist die Zone zwischen dem Opfer und seinen Peinigern.

So ist der Schritt zu sadistischen Misshandlungen nicht mehr weit. Zutreffend ist auch hier Adornos Deutung:

Formen der Verdinglichung

Behandlung von Menschen wie Dinge

Der Schritt zum Sadismus

„Die Vorstellung, Männlichkeit bestehe in einem Höchstmaß an Ertragenkönnen, wurde längst zum Deckbild eines Masochismus, der – wie die Psychologie dartat – mit dem Sadismus nur allzu leicht sich zusammenfindet. Das gepriesene Hart-Sein, zu dem da erzogen werden soll, bedeutet Gleichgültigkeit gegen den Schmerz schlechthin." (Zit. nach: Schröder-Werle, 2001, S. 155)

Freuds
Definition des
Masochismus

Ist eine emotionale Befriedigung im weitesten Sinne gebunden an das Leiden oder die Erniedrigung des erlebenden Subjekts, so lässt sich diese Disposition als Masochismus bezeichnen. Sigmund Freud fasst unter diesen Begriff 1905 in seinen *Drei Abhandlungen zur Sexualtheorie* „alle passiven Einstellungen zum Sexualleben und Sexualobjekt, als deren äußerste die Bindung der Befriedigung an das Erleiden von physischem oder seelischem Schmerz von seiten des Sexualobjektes erscheint." (Freud, 1972, S. 71 f.) Wenn auch seit Freuds Begriffsbestimmung über die Entstehung des Masochismus unterschiedlichste Theorien entwickelt worden sind, so sind doch die erlebte Unterwerfung und der Schmerz als wesentliche Merkmale masochistischen Lustempfindens unumstritten. Dementsprechend lässt sich der Sadismus als eine Verlagerung der destruktiven Tendenzen auf ein anderes Objekt deuten. In der Definition von Freud entspricht dann

Sadismus
als aggressive
Wendung
nach außen

dem Sadismus die lustvoll erlebte Dominanz über das Objekt in Form „einer selbständig gewordenen, übertriebenen, durch Verschiebung an die Hauptstelle gerückten aggressiven Komponente des Sexualtriebes." (Ebd., S. 70) Entscheidend ist für Freud in beiden Triebarten wie auch in ihrem gemeinsamen Auftreten als Sadomasochismus die Vermischung von Aggression und Eros.

Reitings geheime
Intentionen

Es spricht einiges dafür, dass Reiting bereits zu Beginn der planmäßig inszenierten Demütigungs- und Gewaltstrategie die sexuelle Ausbeutung Basinis beabsichtigt. So stellt er Basini zunächst vor die Alternative, er möge entweder am anderen Tag das geschuldete Gold mitbringen oder er, Reiting, lege ihm seine Bedingungen auf. Auf Nachfrage präzisiert Reiting seine Bedingungen: „Du mußt mir in allem, was ich unternehme, Gefolgschaft leisten." (S. 59) In seinem dritten Anlauf wird Reiting schließlich noch eine Spur deutlicher: „Oh, nicht nur wenn es *dir* Vergnügen macht; du mußt ausführen, was immer ich will, – in blindem Gehorsam!" (Ebd.). Offensichtlich erahnt Basini jetzt, dass in der ihm vertrauten militärischen Forderung von blindem Gehorsam auch sexuelle Dienste eingeschlossen sein könnten: „Jetzt sah er mich so schief, halb grinsend und halb verlegen, an." (Ebd.) Intuitiv hat Törleß die erotischen Nebentöne herausgehört, wenn ihm während Reitings Erzählung ein „Frösteln bis in die Fingerspitzen" (S. 63) befällt und der Erzähler kommentiert, so ergehe es demjenigen, „der zum ersten Male das Weib sehe, welches bestimmt ist, ihn in eine vernichtende Leidenschaft zu verwickeln." (Ebd.)

Basinis
Duldung

Ehe jedoch Reiting seine Pläne realisieren kann, bedarf es noch einer zeremoniellen Legitimierung seines Bestrafungskonzepts. Das illegale Verfahren der Selbstjustiz, bei dem die Rechtsprechung und die Ausführung der Strafe in einer nicht dazu befugten Hand liegen, bedarf zumindest eines Rituals der Zustimmung und Verkündigung. Mit dem förmlich gefassten Beschluss, Basini unter Kuratel zu stellen, und der feierlichen Verkündigung des „Urteils" werden Reiting, Beineberg und Törleß zu einer verschworenen Gruppe, ihr Zusammenhalt wird gestärkt, das Ausscheren erschwert. Denn „erst mit einer spezifischen Rechtsordnung ist eine Gruppe als solche konstituiert. Auch Schillers *Räuber*, dieses Musterbeispiel einer Bandenbildung, rücken das Problem der neuen Rechtsordnung an die zentrale Stelle." (Minder, 1977, S. 84)

Formelle
Beschlussfassung
und Urteils-
verkündigung

Nachdem dann der von Anfang an misstrauische Beineberg Reitings sexuelle Beziehung zu Basini aufgedeckt hat, belebt sich die alte Rivalität zwischen Beineberg und Reiting wieder neu, und Beineberg entwickelt nun seinerseits ein mit einer wirren Ideologie verbrämtes Konzept sadistischer Bestrafung. Von nun ab erhalten die sadistischen Spiele eine kaum noch steuerbare Eigendynamik, und ein Bezug zu Basinis ursprünglichem Delikt, von dem selbst der nach außen rigide urteilende Törleß insgeheim denkt, es sei schließlich nur „ein leichtsinniges Vergehen und eine feige Schlechtigkeit" (S. 63), ist nicht mehr erkennbar.

Beinebergs
sadistisches
Konzept

Es reicht die Palette sadistischer Aggressionen und Demütigungen von körperlichen Züchtigungen wie einem Schlag ins Gesicht, dem Auspeitschen mit einer Rute oder einem Gürtel, zu moralischer Erniedrigung wie das Entkleiden und das Stellen der Füße auf den nack-

Formen
sadistischer
Aggression

ten Körper. Ausgerechnet von Törleß, der sich zunächst nur widerwillig an dem sadistischen Treiben beteiligt, stammen die Ideen für subtilere Formen des Quälens. Er ist es, der Basini sagen lässt: „Ich bin ein Dieb", was Reiting und Beineberg gerne aufgreifen und zuspitzen: „Und jetzt wirst du sofort noch sagen: Ich bin ein Tier, ein diebisches Tier, *euer* diebisches, schweinisches Tier." (S. 102) Auch diese Form der Entwürdigung vermag Törleß noch einmal zu verschärfen, indem er Basini androht, ihn zur Ausführung sexueller Handlungen an sich selbst „Oh meine liebe Mutter" seufzen zu lassen (vgl. S. 147 f.). Damit wären über die sexuelle Demütigung hinaus noch ödipale Fantasien provoziert, die das Inzesttabu zwischen Sohn und Mutter berühren. Beineberg lässt Basini schließlich, auch hier mit fadenscheiniger Begründung, bellen, „so wie ein Hund aus dem Schlafe heraus bellt", und „grunzen wie ein Schwein" (S. 144).

Masochistische Erlebnisweisen

Ansätze zu einer masochistischen Erlebnisweise sexueller Handlungen lassen sich sowohl bei Törleß wie auch bei Basini beobachten. Törleß' Erlebnis einer sexuellen Erregung, während Basini ausgepeitscht wird und die „heißen leidenschaftlichen Atemstöße Beinebergs" (S. 98) zu hören sind, erfüllt ihn mit Scham. Ekel empfindet er angesichts seines eigenen sadistischen Einfallsreichtums. Basini, der während der sadistischen Übergriffe seiner Kameraden in der Hoffnung lebt, es werde ihm „nach einiger Zeit alles verziehen werden" (S. 142), wenn er sich willfährig erweise, und er könne alles „wieder gut machen" (S. 145), scheint sich mit seiner Opferrolle zu arrangieren. Glaubt man Reitings Beobachtung, Basini leide unter dem der Gruppe geschuldeten Gehorsam nicht mehr, sei vielmehr von „einer frechen Vertraulichkeit" (S.163), so läge eine solche Deutung nahe.

Gruppenzerfall durch Realitätsverlust

Seiner Rolle als Regisseur des sadistischen Spiels entsprechend, schlägt Reiting schließlich vor, „einen Schritt weiter zu gehen" (S. 163) und Basini noch weiter zu demütigen. So konzentriert sich die Dreiergruppe ganz auf den von Beineberg wortreich erläuterten Versuch der Hypnose, die in einem Akt der Levitation, des freien Schwebens von Basinis Körper, münden soll. So sehr sich die Machtstruktur der Gruppe durch diese Erwartungsspannung noch einmal zu festigen scheint, so fällt sie mit dem Scheitern des spiritistischen Experiments doch endgültig zusammen. „Nun lassen sich so eklatante Diskrepanzen von Erwartung und Erfahrung nicht reaktionslos schlucken", so beschreibt der Soziologe Heinrich Popitz die Probleme einer Gruppe angesichts eines erlebten Realitätsverlusts, „auch dann nicht, wenn es viele zusammen versuchen. Um die Erwartung aufrechterhalten zu können, bedarf es Interpretationen, die in irgendeiner Form die Enttäuschung überbrücken." (Popitz, 2006, S. 177) Hier versagt der Ideologe Beineberg. Statt eine Interpretation des Misslingens zu liefern, schlägt er mit seinem Ledergürtel auf Basini ein. Da distanziert sich Törleß von dem vereinbarten Komplott und verlässt die Gruppe. Reiting und Beineberg bleibt nur noch der Schritt in die Öffentlichkeit des Konvikts.

Mit den drei Hauptgestalten Beineberg, Basini und Törleß, so die Wertung von Robert Minder, betrete Musil literarisches Neuland und mache dreierlei sichtbar: „Die sexuelle Komponente des Machttriebes bei Beineberg; die Lustquote, die Basini, das Opfer, in der Erniedrigung findet; die Ansteckungsgefahr selbst für den scheinbar immunen Törleß, der moralisch, geistig, physisch angeekelt ist und dennoch übermannt wird, als Basini in sein Bett steigt und sich ihm in masochistischer Unterwürfigkeit anbietet." (Minder, 1977, S. 85) Während Reiting als eiskalter, alle Fäden ziehender, machiavellistisch handelnder Despot in seinem Machttrieb und seiner sadistischen Neigung von Anfang an deutlich konturiert ist, zeigt Musil am Beispiel von Beineberg und vor allem von Törleß, wie auch mit humanen Werten vertraute und kulturell gebildete Menschen in bestimmten Konstellationen in eine von Sadismus, Gewalt und Menschenverachtung geprägte Barbarei zurückfallen können. So ist für den Literaturwissenschaftler und Schriftsteller Walter Jens Törleß „der erste moderne Mensch in der deutschen Literatur", weil mit ihm „die unheilige Allianz von Ästhetizismus und Terror, gedanklicher Unbedingtheit und moralischer Neutralität" (Jens, 1989, S. 62) beschrieben sei.

Dass er im *Törleß* die Triebgrundlagen des Dritten Reiches vorweggenommen habe, war Musil schon 1937 bewusst. Dies belegt eine Notiz in seinen Tagebüchern, in der er Reiting und Beineberg als „die heutigen Diktatoren in nucleo" (Tagebücher I, S. 914) bezeichnet. Deutlicher

Törleß
als literarisches
Neuland

Törleß'
Modernität

Faschismus
Beschreibung
faschistischen
Terrors

noch hat sich Musil 1942, kurz vor seinem Tod, in einem Brief geäußert: „Vom Törleß hingegen hat ein kluger Mann vor nicht langem gesagt, dass er den Menschenschlag, der heute die Welt in Verwirrung bringt, in seiner imaginären Jugend dargestellt hat; und so etwas fast vierzig Jahre vorher zu beschreiben, hätte schon etwas von einer Prophezeiung." (Zit. nach: Schröder-Werle, 2001, S. 78) Wie genau und in Details gehend Musil bereits kurz nach der Jahrhundertwende Formen sadistischer Gewaltausübung vor dem Hintergrund seiner eigenen Erfahrungen in den Militäranstalten von Eisenstadt und Mährisch-Weiskirchen darzustellen und damit, ohne sich dessen bewusst sein zu können, auch die Gräuel des Dritten Reichs vorauszusagen vermochte, zeigt das Tagebuch von Jan Faltin, der 1933 von der Gestapo in Hamburg verhört und gefoltert wurde: „Ich starrte geradeaus und überlegte, was sie wohl mit mir vorhätten. Wenn es einer allein gewesen wäre, hätte man vielleicht vernünftig mit ihm sprechen können. Aber sobald sie zu zweien oder mehr kamen, schämte sich der eine vor dem anderen; jeder wollte den anderen an Grausamkeit überbieten. Der eine gab mir einen Faustschlag auf den Magen. ‚Sag: Ich bin ein liederliches Affenweibchen', befahl er. ‚Ich bin ein liederliches Affenweibchen', sagte ich. ‚Lauter!' ‚Ich bin ein liederliches Affenweibchen!' Zehnmal brüllte ich: ‚Ich bin ein liederliches Affenweibchen.' Fasziniert beobachteten mich die beiden dabei." (Zit. nach: Corino, 2003, S. 1534 f.) Nur zu deutlich sind hier die Übereinstimmungen mit jener Szene, in der der bisher eher zurückhaltende, später Scham und Ekel empfindende Törleß Basini auffordert: „Sag doch, ich bin ein Dieb." (S. 102) Hier wie dort ist die Szene in eine Gruppensituation eingebettet, hier wie dort werden durch eine wiederholt geforderte, von zotiger Aggressivität geprägte Selbstbezichtigung die Menschenwürde und das Selbstwertgefühl aufs Empfindlichste verletzt. Dass solche sadistischen Angriffe auf die Menschenwürde in Diktaturen, am Rande von kriegerischen Auseinandersetzungen oder in der sozialen Isolation der Gefängnisse auch heute noch vorkommen, wenngleich die Öffentlichkeit nur selten davon erfährt, steht außer Frage. Fraglos ist auch, dass Musils *Törleß* selbst nach über hundert Jahren nichts von seiner Aktualität eingebüßt hat.

Aufzeichnungen eines Gestapo-Opfers

Aktualität der Thematik

Wenn Walter Jens Musils *Törleß* als „hellsichtige Geschichte" (Jens, 1989, S. 57) bezeichnet, so hebt er damit darauf ab, dass nicht nur die Fakten eines planvoll arrangierten sadistischen Spiels literarisch gestaltet sind. Vielmehr werden auch mit scharfem analytischen Blick dessen Hintergründe, die damit verbundenen psychischen Befindlichkeiten, die Machtstrukturen einer Gruppe beschrieben, die sich unter dem Druck eines zu Härte, Disziplin und Gehorsam erziehenden Systems eine eigene Wirklichkeit aufbaut. Gezeigt zu haben, dass auch ein Törleß, der gesellschaftlichen Oberschicht entstammend, an kulturellen Werten interessiert, klug, nachdenklich und selbstkritisch, der Suggestion eines sadistischen Treibens nicht widerstehen kann, ist Musils wichtigstes Verdienst. Dass Törleß dabei moralische Reflexionen weitgehend außer Acht lässt, vielmehr alles, „das Auspeitschen eines Menschen, Kants Philosophie, imaginäre Zahlen" (ebd., S. 56) auf einer Ebene unter dem Aspekt seiner Entwicklung und Selbstfindung beurteilt, ist das Erschreckende. So stellt Jens 1986 fest: „Nicht nur Reiting und Beineberg – auch Törleß ließe sich, vierzig Jahre nach seiner Präsentation durch Robert Musil, auf der Seite philosophierender Scharfrichter denken: angeekelt zwar von einfallslosen Brutalitäten, aber zu gleicher Zeit erfüllt vom Lustgefühl des Ästheten, dem Hochverrat des Geistes am Geist Tribut gezollt zu haben." (Ebd., S. 56)

Analyse des kultivierten Täters

Fehlender moralischer Standpunkt

Sprachskepsis

„Die Sprache verkleidet den Gedanken. Und zwar so, daß man nach der äußeren Form des Kleides, nicht auf die Form des bekleideten Gedankens schließen kann; weil die äußere Form des Kleides nach ganz anderen Zwecken gebildet ist als danach, die Form des Körpers erkennen zu lassen." (Wittgenstein, 1993, S. 25 f.) Mit diesem „Elementarsatz" aus Ludwig Wittgensteins 1921 erschienenem *Tractatus logico-philosophicus* lässt sich die zentrale Erkenntnis zusammenfassen, die zu Beginn des 20. Jahrhunderts bei zahllosen Literaten zu einem Vertrauensverlust in die Ausdrucksfähigkeit der Sprache führt. Die als eng erlebten konventionellen Sprachfor-

Sprachskepsis als Epochenmerkmal

men des 19. Jahrhunderts werden angeprangert, dass den in erstarrten Sprachhülsen einer kommenden Bildungswerten noch Wahrheit innewohnen kann, wird ernstlich bezweifelt (vgl. Grimminger, 1995, S. 170). Elitär denkende Kulturpessimisten wie Fritz Mauthner mischen sich ein, der 1901/02 in seinen dreibändigen *Beiträgen zu einer Kritik der Sprache* bedauert, dass die Sprache inzwischen „Gemeineigentum" geworden sei, und in polemischer Überspitzung, mit Beifall, aber auch schroffer Ablehnung aufgenommen, der gegenwärtigen Sprache ihren wahrheitsstiftenden Wert abspricht (vgl. Mauthner, 1901, Bd. 1, S. 27). In einem solchen Kontext des sprachlichen Umbruchs sind als herausragende, etwa gleichzeitig entstandene Texte Musils *Törleß* und Hugo von Hofmannsthals *Brief des Lord Chandos* einzuordnen. In unterschiedlicher ästhetischer Gestaltung thematisieren beide ihre Skepsis gegenüber den Ausdrucksmitteln der Sprache, die eine individuelle Erfahrung nicht ohne Verfälschung ihres wirklichen Gehalts wiederzugeben vermöge und die Formulierung von Werturteilen höchst fragwürdig mache.

Einen der zentralen Impulse für die zu Beginn des Jahrhunderts herrschende Sprachkrise gab der Philosoph Friedrich Nietzsche mit seiner 1873 verfassten, aber erst 1896 erschienenen Schrift *Über Wahrheit und Lüge im außermoralischen Sinne*. Nach Nietzsche gründet die Sprache in einem menschlichen Bedürfnis nach geselligem Austausch, zu dessen Befriedigung „eine gleichmässig gültige und verbindliche Bezeichnung der Dinge" (Nietzsche, 1999, S. 877) erfunden wird. Mit einer solchen gültigen Bezeichnung der Dinge ist es den Menschen künftig möglich, zwischen Wahrheit und Lüge zu unterscheiden, den Lügner auszumachen, der die gültige Bezeichnung gebraucht, „um das Unwirkliche als wirklich erscheinen zu machen." (Ebd.) An diese Beschreibung der Sprachgenese knüpft Nietzsche nun eine Reihe entscheidender Fragen, die ins Zentrum seiner Sprachkritik führen: „Wie steht es mit jenen Conventionen der Sprache? Sind sie vielleicht Erzeugnisse der Erkenntniss, des Wahrheitssinnes: decken sich die Bezeichnungen und die Dinge? Ist die Sprache der adäquate Ausdruck aller Realitäten?" (Ebd., S. 878) Nietzsche verneint diese Fragen. Ein Wort sei nichts anderes als die „Abbildung eines Ner-

margin notes:

Wahrheitsproblem der Sprache

Nietzsche als Gewährsmann der Sprachkrise

Realitätsverlust der Sprache

venreizes in Lauten" (ebd.), von einem solchen Nerven-
reiz auf eine Ursache außer uns zu schließen, sei bereits
unter Gesichtspunkten der Logik nicht statthaft. Keine
Wahrheit sei bei der Bildung eines Begriffs ausschlag-
gebend gewesen, vielmehr die willkürliche Abgrenzung
dessen, der den Begriff geprägt habe, des Sprachbildners.
Der bezeichne aber nur die „Relationen der Menschen
zu den Dingen" und das mit den „kühnsten Metaphern"
(ebd., S. 879). So kommt Nietzsche zu dem Schluss: „Wir
glauben etwas von den Dingen selbst zu wissen, wenn
wir von Bäumen, Farben, Schnee und Blumen reden und
besitzen doch nichts als Metaphern der Dinge, die den
ursprünglichen Wesenheiten ganz und gar nicht entspre-
chen". So bestehe das ganze Sprachmaterial, mit dem der
Mensch der Wahrheit näher zu kommen hoffe, „wenn
nicht aus Wolkenkukuksheim, so doch jedenfalls nicht
aus dem Wesen der Dinge." (Ebd.)

Willkürliche
Abgrenzung
der Worte

Eine solche Bildung der Begriffe und ihr Eingehen in die
sprachliche Konvention hat nach Nietzsche zur Folge,
dass sie nicht nur für das „einmalige, ganz und gar indi-
vidualisierte Urerlebniss" (ebd.) des Entstehungsprozes-
ses geschaffen sind, sondern für alle mehr oder weniger
ähnlichen, niemals aber gleichen Fälle. So kommt der
Mensch zu seinen Begriffen, indem er alles Individuelle
und Wirkliche übersieht. Die Wahrheit besteht somit,
poetisch ausgedrückt, aus einem Heer von Metaphern,
„die abgenutzt und sinnlich kraftlos geworden sind,
Münzen, die ihr Bild verloren haben und nun als Me-
tall, nicht mehr als Münzen in Betracht kommen." (Ebd.,
S. 881) Dem wissenschaftlich ernüchterten Denken setzt
Nietzsche jedoch schließlich den Traum und die Poesie
entgegen, die täuschen können ohne zu schaden, denn:
„Jenes ungeheure Gebälk und Bretterwerk der Begriffe, an das sich klammernd der bedürftige Mensch sich
durch das Leben rettet, ist dem freigewordenen Intellekt
nur ein Gerüst und ein Spielzeug für seine verwegens-
ten Kunststücke" (ebd., S. 888). Der Kunst schaffende
Mensch wird von seiner Intuition geleitet.

Untauglichkeit
für individuelle
Erfahrungen

Ausweg
in die Kunst

Aus zahlreichen Tagebucheintragungen lässt sich erschließen, dass Musil sich mit Nietzsches Schriften intensiv auseinandergesetzt hat, und es spricht alles dafür,
dass er als ein mit dem Medium Sprache reflektiert um-
gehender Intellektueller auch Nietzsches frühe Schrift

Musils Nietzsche-
Rezeption

Über Wahrheit und Lüge im außermoralischen Sinne aufgearbeitet hat (vgl. Kroemer, 2004, S. 160 f.). Zu deutlich, fast schon im Sinne eines philosophischen Diskurses, lassen sich die Spuren einer Auseinandersetzung mit Nietzsches Denken erkennen. Offenkundig wird dies in jener Situation, in der Törleß, am Mittag auf dem Rücken im Gras liegend, durch ein Wolkenloch in die Unendlichkeit des Himmels blickt. Tief betroffen von dem plötzlichen Unendlichkeitserlebnis will er sich das Geschaute auch sprachlich vergegenwärtigen und sagt sich: „Es geht immer weiter, fortwährend weiter, ins Unendliche", und zwar so, und hier schaltet sich der Erzähler ein, „als gälte es die Kraft einer Beschwörungsformel zu erproben." (S. 88) Da macht er die Erfahrung, dass ihm die Worte nichts sagen, jedenfalls nicht das Empfundene. Sie reden zwar von dem gleichen Gegenstand, „aber von einer anderen, fremden, gleichgültigen Seite desselben." (Ebd.) Was Törleß hier als Fremdheit und Gleichgültigkeit empfindet, verweist auf den von Nietzsche entwickelten Zusammenhang, dass ein Begriff, wie hier der der Unendlichkeit, in einem ganz anderen Zusammenhang geprägt worden ist und zwischen dem Begriff und der Sache keine Beziehung besteht. Der Begriff vermag die Einmaligkeit von Törleß' subjektivem Erleben nicht wiederzugeben, er ist eine durch Konvention festgelegte Folge von Lauten. Noch deutlicher wird die Nähe zu Nietzsche durch die Bemerkung des Erzählers, „etwas über den Verstand Gehendes, Wildes, Vernichtendes schien durch die Arbeit irgendwelcher Erfinder hineingeschläfert worden zu sein" (ebd.), womit deutlich auf die Besetzung des Worts mit fremden Sinnsystemen verwiesen wird. Noch ein zweites Mal wird diese Vorstellung ausgesprochen und als Ursache für Törleß' „Verwirrung" bezeichnet, dass nämlich den Dingen, Vorgängen und Menschen für Törleß etwas „Doppelsinniges" anhafte.

Es wird beschrieben „als etwas, das durch die Kraft irgendwelcher Erfinder an ein harmloses, erklärendes Wort gefesselt war, und als etwas ganz Fremdes, das jeden Augenblick sich davon loszureißen drohte." (S. 90) Nicht zu übersehen ist der Bezug zu Nietzsches Vorstellung, dass die Begriffe der Sprache subjektive Lautprägungen von „Sprachbildnern" seien, und es bei „Worten

Toter Begriff der Unendlichkeit

Beziehungslosigkeit zwischen Begriff und Sache

Das Doppelsinnige der Wirklichkeit

nie auf die Wahrheit, nie auf einen adäquaten Ausdruck ankommt" (Nietzsche, 1999, S. 879).

Was zu seiner Verwirrung nicht unwesentlich beiträgt, was ihn, auf dem Rücken im Gras liegend, „wie eine Tollheit" (S. 90) überkommt, ist die Erkenntnis, dass das im Augenblick ganzheitlich und intuitiv Erlebte „unverständlich und verwirrt wird, wenn wir es mit den Ketten der Gedanken zu unserem bleibenden Besitze fesseln wollen." (S. 91) Im Kontext dieser Reflexionen erinnert sich Törleß an eine Situation aus seiner Jugendzeit, als er mit seinem Vater vor einer Landschaft gestanden und gerufen hat: „o es ist schön" und ebenso gut hätte sagen können, „es ist schrecklich traurig" (S. 91 f.). Auch diese Situation weist eine deutliche Nähe zu Nietzsche auf: „Wie dürfen wir, wenn die Wahrheit bei der Genesis der Sprache, der Gesichtspunkt der Gewissheit bei den Bezeichnungen allein entscheidend gewesen wäre, wie dürfen wir doch sagen: der Stein ist hart: als ob uns ‚hart' noch sonst bekannt wäre und nicht nur als eine ganz subjektive Reizung!" (Nietzsche, 1999, S. 878) So kann Törleß, seine Reflexionen zusammenfassend, von einem „Versagen der Worte" reden, die für ihn nur „zufällige Ausflüchte für das Empfundene" (S. 92) sind.

Nur wenige Jahre nach dem Erscheinen des *Törleß* formuliert der Sprachwissenschaftler Ferdinand de Saussure diese Erkenntnis in den Lehrsatz: „Das sprachliche Zeichen ist beliebig" (Saussure, 1967, S. 79), was als Axiom in die Geschichte der Sprachwissenschaft eingegangen ist. Zu beachten ist aber auch, dass Törleß die Versprachlichung der Empfindung als eine „Ausflucht" bezeichnet, eine Flucht vor der Bedrohlichkeit intuitiver, mystischer Erfahrung. Erst nach der Überwindung seiner Verwirrungen, so deutet der Erzähler vorausblickend an, scheint sich Törleß' Gefühl, bei der Umformung seiner Empfindungen „zu lügen, ohne zu wissen, wieso" (S. 92) zu beruhigen, und er kann sich, ganz im Sinne von Nietzsches *Wahrheit und Lüge*, einem ästhetischen Umgang mit der Sprache zuwenden.

→ Ausweg in die Kunst

Als ein weiteres Zeichen dafür, wie beherrschend in der Epoche des Umbruchs vom 19. zum 20. Jahrhundert in Kreisen der literarischen Intelligenz die Skepsis gegenüber den Ausdrucksmöglichkeiten der Sprache ist, lässt sich Hugo von Hofmannsthals 1902 verfasster und im sel-

Hofmannsthals
*Brief des Lord
Chandos*

Dokument
entstehender
Sprachskepsis

Zerfallen
der Worte

ben Jahr veröffentlichter *Brief des Lord Chandos* deuten. In diesem, ins Jahr 1601 datierten fiktiven Brief an den Philosophen und Naturwissenschaftler Francis Bacon begründet Lord Chandos, weshalb er seit zwei Jahren kein neues literarisches Werk mehr verfasst habe. Verantwortlich macht er für sein Schweigen einen fortschreitenden Prozess der Skepsis gegenüber den Ausdrucksmöglichkeiten der Sprache, einen um sich greifenden Vertrauensverlust, der schließlich dazu geführt habe, dass er seinen Umgang mit der Sprache auf die Regelung alltäglicher Angelegenheiten reduziert und sich jeglichen literarischen Umgangs mit der Sprache enthält. Dass Musil den 1902 zunächst in der Berliner Tageszeitung *Der Tag* und erst 1905 in Buchform veröffentlichten Brief gekannt hat, ist unwahrscheinlich, offensichtlich ist jedoch, dass die von Hofmannsthal geschilderten Symptome der Sprachskepsis deutliche Ähnlichkeiten mit Törleß' Sprachverwirrungen aufweisen.

So erweist sich die Sprachkrise des Lord Chandos zunächst in einem zunehmenden Unbehagen, bei der Besprechung eines „höheren oder allgemeineren Themas" Worte wie „Geist", „Seele", „Körper" überhaupt nur auszusprechen (vgl. Hofmannsthal, 1991, S. 48). Solche Worte, deren sich die Menschen meist bedenkenlos bedienen, zerfallen ihm „im Munde wie modrige Pilze" (ebd., S. 49). In ganz ähnlicher Weise empfindet Törleß die Leblosigkeit des abstrakten Begriffs der „Unendlichkeit", der sich durch keine Empfindung mehr beleben lässt, oder die „toten" (S. 131) Worte seiner zu Papier gebrachten Aufzeichnungen. Wenn Chandos bekennt, dass ihm auch im „hausbackenen Gespräch alle die Urteile, die leichthin und mit schlafwandelnder Sicherheit abgegeben zu werden pflegen", bedenklich erscheinen, „so unbeweisbar, so lügenhaft" (Hofmannsthal, 1991, S. 49), so ist das Empfinden zu lügen, „dieser unverständliche Einspruch da: Du lügst" auch Törleß vertraut: „Es war, als ob er eine unaufhörliche Division durchführen müßte, bei der immer wieder ein hartnäckiger Rest heraussprang, oder als ob er fiebernde Finger wundbemühte, um einen endlosen Knoten zu lösen." (S. 92) Schließlich gelingt es Lord Chandos nicht mehr, Gegenstände und Personen seiner Umwelt „mit dem vereinfachenden Blick der Gewohnheit zu erfassen. Es zerfiel mir alles in Teile, die Teile wieder in Teile, und nichts mehr ließ sich mit einem Begriff umspannen." (Hofmannsthal, 1991, S. 49) Die Worte drehen sich um ihn in schwindelerregenden Wirbeln, verwandeln sich in Augen, die ihn ansehen und in die er hineinstarren muss. Solche, die Grenze zum Mystischen bereits überschreitenden Visionen begleiten auch Törleß in Situationen der Erregung und Verwirrung (vgl. S. 77). So befremden ihn Dinge, „die anderen alltäglich erscheinen" (S. 125), verwandelt sich die Laterne auf dem Dachboden für Törleß in ein „Auge" (S. 100), wird er von leblosen Dingen „wie von hundert schweigenden, fragenden Augen überfallen" (S. 129). Auch der von Nietzsche entwickelte Gedanke, dass die in ganz anderen Situationen ihrer Prägung entstandenen Begriffe zur Benennung individueller Erfahrungen nicht taugen können, eine auch von Törleß gemachte Erfahrung, ist im *Brief des Lord Chandos* poetisch verarbeitet: Von Wasserspielen getragene Begriffe umschweben Chandos wie goldene Bälle, doch kommunizieren sie nur untereinander, „und das Tiefste, das Persönliche meines Denkens, blieb von ihrem Reigen ausgeschlossen." (Hofmannsthal, 1991, S. 50)

Der vergleichende Blick auf Musils *Törleß* wie auf Hofmannsthals Chandos-Brief macht deutlich, wie intensiv zu Beginn des 20. Jahrhunderts in der Nachfolge Nietzsches die Skepsis gegenüber den Ausdrucksmöglichkeiten der Sprache gerade in Literaturkreisen erlebt und gestaltet wurde. Als Ausweg aus seiner Sprachkrise konzentriert sich Chandos auf die unmittelbare Anschauung, das ganzheitliche Erleben der Wirklichkeit mit deutlich erkennbaren Elementen des Mystischen. Hier lässt sich, wie auch im *Törleß*, der Einfluss des Lebensphilosophen Maeterlinck erkennen, es scheinen aber auch Gedanken des Romantikers Novalis durch, der in seiner 1798 veröffentlichten Fragmentsammlung *Blütenstaub* die mystische Erfahrung als echte Offenbarung des Geistes preist: „Es ist kein Schauen, Hören, Fühlen; es ist aus allen dreyen zusammengesezt, mehr als alles Dreyes: eine Empfindung unmittelbarer Gewißheit, eine Ansicht meines wahrhaftesten, eigensten Lebens. Die Gedanken verwandeln sich in Gesetze, die Wünsche in Erfüllungen." (Novalis, 1965, S. 421) Chandos fühlt sich in solchen mystischen Zuständen so, als bestünde sein Körper aus lauter

Mystische
Visionen

Nietzsche als
gedankliche Folie

Chandos' Ausweg
aus der Krise

Einfluss
von Novalis

Chiffren, „als könnten wir in ein neues, ahnungsvolles Verhältnis zum ganzen Dasein treten, wenn wir anfingen, mit dem Herzen zu denken." (Hofmannsthal, 1991, S. 52) Wie Törleß kommt aber auch Chandos zu der schmerzhaften Erkenntnis, dass die auf intuitivem Wege gewonnenen Erfahrungen sich einer sprachlichen Fixierung entziehen. So schließt Lord Chandos seine Bekenntnisse mit der Ankündigung, er werde künftig in einer Sprache denken und schreiben, „von deren Worten mir auch nicht eines bekannt ist, eine Sprache, in welcher die stummen Dinge zu mir sprechen, und in welcher ich vielleicht einst im Grabe vor einem unbekannten Richter mich verantworten werde." (Ebd., S. 54)

Konträre
Lösungen
So viele Berührungspunkte Musils *Törleß* und Hofmannsthals *Brief des Lord Chandos* in ihrem gedanklichen Duktus und ihrer Bildhaftigkeit erkennen lassen, so unterscheiden sie sich doch in der Art, wie die jeweiligen Sprachkrisen überwunden werden. Lord Chandos verhält sich stiller, wortkarger, versinkt im ganzheitlich-mystischen Erleben der Welt. Törleß überwindet schließlich seine Sprachskepsis in jenem Augenblick, als er vom Direktor des Konvikts ausgerechnet dazu aufgefordert wird, sich endlich „klipp und klar" (S. 193) auszudrücken. Da fühlt er den Augenblick gekommen, „wo er klar, deutlich, siegesbewußt von dem sprechen werde, das erst undeutlich und quälend, dann leblos und ohne Kraft in ihm gewesen war." (Ebd.)

Die Erzählweise

Das Profil des Erzählers

„Der Vermittlungsmodus einer Geschichte muß am Erzählanfang am stärksten in Erscheinung treten", so beschreibt der Literaturwissenschaftler Franz K. Stanzel die Aufgabe des Erzählers, „denn schon mit dem ersten Wort der Erzählung beginnt der Vorgang, durch den die Vorstellung des Lesers auf den jeweiligen Modus der Erzählens eingestellt wird." (Stanzel, 2001, S. 207) Dies scheint in Musils *Törleß* zunächst nicht der Fall zu sein, denn ein Erzähler als Vermittler des Romangeschehens gibt sich in den ersten Sätzen nicht zu erkennen. Mit einem kurzen Satz ohne Verb beginnt der Roman denkbar wortkarg.

Die Schienenstränge eines Kleinstadtbahnhofs, die Rußspuren auf dem Schotter werden erwähnt, die Straße von der Bahnstation zur Rampe des Gleiskörpers, gesäumt von Akazienbäumen, deren Blätter abgestorben wirken. Auffällig ist allenfalls die Personalisierung der Blätter als „traurig", „verdurstet" und „erdrosselt" (S. 7), was auf eine persönliche Sichtweise schließen lässt.

Mit Beginn des dritten Abschnitts jedoch mischt sich ein Erzähler in die bisher noch unmarkierte Wiedergabe der Bahnhofsszenerie ein: „Machten es diese traurigen Farben, machte es das bleiche, kraftlose, durch den Dunst ermüdete Licht der Nachmittagssonne: Gegenstände und Menschen hatten etwas Gleichgültiges, Lebloses, Mechanisches an sich, als seien sie aus der Szene eines Puppentheaters genommen." (Ebd.) Kein Zweifel, von nun an ist der „Vermittlungsmodus" der Geschichte eindeutig bestimmt: Zwischen die fiktionale Wirklichkeit des Romans und den Leser schiebt sich ein persönlich anwesender, den Erzählvorgang initiierender und lenkender Erzähler. Hier beginnt er zunächst mit zwei rhetorischen Fragen, so, als wisse er selbst nicht genau, worauf die trostlose Stimmung der Situation wie der Menschen zurückzuführen sei, kommentiert das Geschehen mit klaren, interpretierenden Worten und fügt zum Schluss ei-

[Randnotiz:] Undefinierter Romananfang
[handschriftlich:] kein eindeutiger Erzähler

[Randnotiz:] Eingreifen des Erzählers

nen recht kühnen Vergleich mit dem Puppentheater an, der die Vorstellungskraft des Lesers herausfordert.

Deutlich markiert ist jetzt der Modus des Erzählens: Eine auktoriale Erzählsituation liegt vor, ein nicht mit dem Autor gleichzusetzender, innerhalb der fiktionalen Welt des Romans allwissender Erzähler arrangiert das Geschehen. Seine Möglichkeiten, sich innerhalb des Romans selbst zu profilieren und zu inszenieren, sind groß. Er kann sich mit allen Kommentaren zurückhalten und sich darauf beschränken, aus der Distanz heraus über seinen Stoff zu disponieren, die Erzählstrategie zu bestimmen und sich lediglich an exponierten Stellen wie dem Romananfang oder den Kapitelanfängen in Erinnerung zu bringen. Er kann aber auch zurückblicken und vorausdeuten, sich mit Kommentaren zum Geschehen und zur Erzählweise, mit affirmativen und kritischen Bewertungen einmischen, den Leser selbst ansprechen und mit ihm in einen fiktiven Diskurs eintreten. Es ist ihm schließlich unbenommen, selbst als handelnde Figur im Romangeschehen aufzutauchen. All diese Möglichkeiten sind in der langen Geschichte des auktorialen Erzählverhaltens seit dem 17. Jahrhundert realisiert worden. In welcher Weise ein Erzähler von diesen Möglichkeiten Gebrauch macht, prägt sein Erzählerprofil.

Dieses Profil des Erzählers in Musils *Törleß* wird in der Tat schon nach wenigen Seiten erkennbar. So ergänzt der Erzähler seine im Rahmen eines längeren Rückblicks entwickelte Schilderung von Törleß' leidenschaftlichem Heimweh mit einem überraschenden Kommentar: „Er hielt es für Heimweh, für Verlangen nach seinen Eltern. In Wirklichkeit aber war es etwas viel Unbestimmteres und Zusammengesetzteres. Denn der ‚Gegenstand dieser Sehnsucht‘, das Bild seiner Eltern, war darin eigentlich gar nicht mehr enthalten. Ich meine diese gewisse plastische, nicht bloß gedächtnismäßige, sondern körperliche Erinnerung an eine geliebte Person, die zu allen Sinnen spricht und in allen Sinnen bewahrt wird, so daß man nichts tun kann, ohne schweigend und unsichtbar den anderen zur Seite zu fühlen." (S. 10) Mit der Formulierung „in Wirklichkeit aber" korrigiert der Erzähler die bisher wiedergegebene Wahrnehmung seiner Hauptfigur und setzt seine eigene Deutung dagegen. Zum ersten und einzigen Mal hebt er sich als „ich" hervor und

Merkmale auktorialen Erzählens

Erzähler als Kommentator

Korrigierender und deutender Erzähler

grenzt Törleß' Zustand eines umfassenderen Schmerzes von seinem eigenen Begriff des Heimwehs ab. Bereits hier profiliert sich der Erzähler als psychologisch gebildet und über ein analytisches Differenzierungsvermögen verfügend. Nur wenig später setzt er sich auch von den arglosen, unbefangenen Empfindungen ab, mit denen die Eltern auf die unterschiedlichen Befindlichkeiten ihres Sohnes Törleß, die Schwankungen zwischen Trauer und heiterem Leichtsinn, reagieren: „Weder in dem einen noch in dem anderen erkannten sie das Symptom einer bestimmten seelischen Entwicklung, vielmehr hatten sie Schmerz und Beruhigung gleichermaßen als eine natürliche Folge der gegebenen Verhältnisse hingenommen. Daß es der erste, mißglückte Versuch des jungen, auf sich selbst gestellten Menschen gewesen war, die Kräfte des Inneren zu entfalten, entging ihnen." (S. 12) Auch in diesem Kommentar gibt sich eine Erzählerpersönlichkeit zu erkennen, die offenbar mit einem geschulten diagnostischen Blick, fachlich korrekter Begrifflichkeit und reflektierter Lebenserfahrung die Entwicklung ihrer Hauptfigur begleitet.

Diagnostisch geschulter Blick

Zwar ist es nicht statthaft, den auktorialen Erzähler mit der Person des Autors gleichzusetzen. Wohl aber ist es möglich, in der Figur des Erzählers eine Projektion des gedanklichen und emotionalen Profils des Verfassers zu sehen. Dies ist im Falle Musils insofern nahe liegend, als er sich schon lange vor dem Beginn seines Studiums der Philosophie und Psychologie im November 1903 und vor der im Sommer 1902 begonnenen Niederschrift des *Törleß* bereits mit einer systematischen Beobachtung, Zergliederung und Deutung seines eigenen Gefühlslebens beschäftigt hat. Dies dokumentiert die wohl 1899 in seinem Tagebuch festgehaltene Schrift *Blätter aus dem Nachtbuche des monsieur le vivisecteur*. In diesem aus Skizzen und fragmentarischen Notizen bestehenden *Nachtbuche* findet sich die Bemerkung: „Neulich habe ich für mich einen sehr schönen Namen gefunden: monsieur le vivisecteur." Und wenig später heißt es: „Mein Leben: – Die Abenteuer und Irrfahrten eines seelischen Vivisectors zu Beginn des zwanzigsten Jahrhunderts!" (Tagebücher I, S. 2) Abgeleitet hat Musil die Bezeichnung „Vivisecteur" von dem Begriff der „Vivisektion", dem chirugischen Eingriff in einen lebenden Tier- oder Menschenkörper

Nähe zwischen Autor und Erzähler

Der Erzähler als „Vivisecteur"

mit dem Ziel, Erkenntnisse über die Funktionsweise lebender Organismen zu gewinnen. Zu verstehen ist unter dem neu geschaffenen Begriff ein Mensch, der die Funktionsweise des menschlichen Denkens und Gefühlslebens durch genaue Beobachtungen seiner selbst und anderer Menschen zu analysieren versucht. Wenn Musil in diesem „monsieur le vivisecteur" vielleicht den „Typus des kommenden Gehirnmenschen" (ebd.) sieht, so lässt sich aus dieser vorsichtig formulierten Prognose doch erkennen, welche Bedeutung Musil der Erforschung menschlichen Erlebens und Verhaltens beimisst.

Der Vivisecteur als Mensch der Zukunft

So sieht sich der Leser auf Schritt und Tritt mit den psychologisch analysierenden, das Geschehen nachträglich deutenden und mit seinem Wissen anreichernden Kommentaren des Erzählers konfrontiert, mit Exkursen, die fast schon die Form eines Essays annehmen können. Wenn auch nichts dafür spricht, dass Musil die frühen Schriften Sigmund Freuds bewusst aufgenommen hat, so kommt der Erzähler mit seinen Kommentaren dessen Lehre von der Entwicklung der menschlichen Sexualität doch sehr nahe. Als sich Törleß fragt, weshalb sich Božena in seiner Vorstellung mit dem Bild seiner Mutter verknüpft und sich eine Reihe rationalisierender Fragen stellt, greift der Erzähler ein: „Aber alle diese Fragen waren nicht das Eigentliche. Berührten es kaum. [...] Sie waren nur Ausflüchte, Umschreibungen der Tatsache, daß vorbewußt, plötzlich, instinktiv ein seelischer Zusammenhang gegeben war, der sie vor ihrem Entstehen schon in bösem Sinne beantwortet hatte. Törleß sättigte sich mit den Augen an Božena und konnte dabei seiner Mutter nicht vergessen; durch ihn hindurch verkettete die beiden ein Zusammenhang: Alles andere war nur ein sich Winden unter dieser Ideenverschlingung. Diese war die einzige Tatsache." (S. 45) Hier spricht, in die Rolle des Erzählers gekleidet und vorsichtig, Monsieur le vivisecteur, der seine Hauptfigur dabei ertappt hat, mit rationalisierenden Fragen von seinem eigentlichen ödipalen, auf die Mutter gerichteten Triebgeschehen abzulenken.

Nähe zu Freuds psychoanalytischem Denken

Einerseits profiliert sich der Erzähler als eine Person, die Törleß' Denk- und Erlebnisweise korrigiert, ergänzt, auffächert und in einen größeren Zusammenhang einordnet. Andererseits übernimmt er aber auch die Funktion, das von den Normen seiner gesellschaftlichen Schicht abweichende sexuelle Verhalten der Hauptfigur zu verharmlosen und durch die Darstellung ihrer Motivstruktur beim Leser um Verständnis zu werben. Ganz offensichtlich ist er darum bemüht, dass die Figur Törleß in der literarischen Öffentlichkeit des neuen Jahrhunderts nicht allzu schlecht wegkommt. „Er war nicht lasterhaft", so kommentiert der Erzähler Törleß' sonntägliche Besuche: „Bei der Ausführung überwogen stets der Widerwille gegen sein Beginnen und die Angst vor den möglichen Folgen. Nur seine Phantasie war in eine ungesunde Richtung gebracht. Wenn sich die Tage der Woche bleiern einer nach dem anderen über sein Leben legten, fingen diese beizenden Reize an, ihn zu locken. […] Božena erschien ihm als ein Geschöpf von ungeheuerlicher Niedrigkeit und sein Verhältnis zu ihr, die Empfindungen, die er dabei zu durchlaufen hatte, als ein grausamer Kultus der Selbstaufopferung. Es reizte ihn, alles zurücklassen zu müssen, worin er sonst eingeschlossen war, seine bevorzugte Stellung, die Gedanken und Gefühle, die man ihm einimpfte, all das, was ihm nichts gab und ihn erdrückte. […] Das war nicht anders als bei jungen Leuten überhaupt." (S. 41) Deutlich plädiert hier der Erzähler in einem weit ausholenden Kommentar auf mildernde Umstände für einen von seiner Fantasie verführten Jungen in der Ödnis des Internatslebens, der sein Selbstwertgefühl aufs Spiel setzt, indem er sich von seiner sozial privilegierten Schicht entfernt.

Mit argumentativ vergleichbaren Kommentaren unternimmt es der Erzähler, auch Törleß' homosexuelles Begehren und seine Beziehung zu Basini als eine vorübergehende, irregeleitete Triebdynamik zu entschärfen. „Aber man darf auch wirklich nicht glauben", so lenkt er den Leser, „daß Basini in Törleß ein richtiges und – wenn auch noch so flüchtig und verwirrt – wirkliches Begehren erregte. Es war allerdings etwas wie Leidenschaft in Törleß erwacht, aber Liebe war ganz gewiß nur ein zufälliger, beiläufiger Name dafür, und der Mensch Basini nicht mehr als ein stellvertretendes und vorläufiges Ziel dieses Verlangens." (S. 154 f.) „Förmlich naiv" sei Törleß „in seine Vergehen hineingeraten" (S. 162), so deutet der Erzähler in seinem Ausblick auf Törleß' Leben das zurückliegende Geschehen, er habe „sich gewöhnt, auf außerordentliche, verborgene Ent-

Verharmlosung der sittlichen Verfehlungen

Plädoyer für mildernde Umstände

Entschärfung des homosexuellen Begehrens

deckungen zu hoffen, und war dabei in die engen, winkligen Gemächer der Sinnlichkeit gelangt. Nicht aus Perversität, sondern infolge einer augenblicklich ziellosen geistigen Situation." (Ebd.)

Deutlich ist hier die Intention des Erzählers spürbar, die mutmaßliche Empörung der zeitgenössischen Leser über das sittenwidrige Geschehen schon während der Lektüre des Romans in Grenzen zu halten und durch relativierende Kommentare aufzufangen. Insofern steht hier der Erzähler dem Autor sehr nahe und vertritt dessen Interessen. Musil selbst musste schon während der Niederschrift damit rechnen, dass sein Erstlingswerk als ein Bekenntnisbuch gelesen würde. So schreibt beispielsweise ein Rezensent in einer Wiener Zeitung kurz nach Erscheinen des Törleß: „Wohl ist das Buch, wie sich von selbst versteht, eine Beichte, aber noch nie ist jemand so kühl und gelassen, ja überlegen im Beichtstuhl gekniet wie dieser Herr Robert Musil, und je haarsträubender seine Bekenntnisse sich gestalten, desto kühler und gelassener wird er, und das macht das Buch so merkwürdig." (Zit. nach: Schröder-Werle, 2001, S. 90 f.) Genau diese Vorstellung, dass hinter der homosexuellen Triebdynamik des Törleß sich eine entsprechende Neigung des Autors verbergen könnte, versucht Musil zu entkräften. Mit dieser Intention betont er in einem Brief an einen Rezensenten, dass er sich nicht für die Päderastie, den homosexuellen Umgang mit Jugendlichen, einsetze: „Aber eines liegt mir sehr am Herzen. Ich will nicht die Päderastie begreiflich machen. Sie liegt mir von allen Abnormitäten am fernsten. […] Daß ich gerade sie wählte, ist Zufall, liegt an der Handlung, die ich gerade im Gedächtnis hatte. Statt Basini könnte ein Weib stehen […]", und Musil betont im Verlauf des Briefs noch einmal ausdrücklich, „daß ich ganz mich in solchen Gefühlskreis hineinversetzen kann, ohne in meinem Wollen ernstlich davon berührt zu werden." (Ebd., S. 76) Für das „Kühle" und „Gelassene", das der Rezensent der Wiener Zeitung in Musils Roman erkennt, ist zum einen die präzise Beobachtungsweise des „Vivisecteurs" verantwortlich, zum andern aber auch der immer wieder aus der Distanz heraus mit nüchternen, fachkundigen Kommentaren agierende Erzähler.

Abwehr
des Bekenntnis-
charakters

Relativierung der
Homosexualität

Die Darstellung der Innensicht

Seiner Allwissenheit entsprechend überschaut der auktoriale Erzähler nicht nur alle Aspekte der Handlung, kann den Erzählfluss durch Vorausdeutungen und Rückblicke unterbrechen, er vermag auch ins Innere der Figuren zu blicken, ihre Gedanken und Ziele, ihre Befürchtungen und Ängste wiederzugeben. Dazu stehen ihm unterschiedliche Präsentationsweisen zur Verfügung. Zum einen kann er die inneren Vorgänge der Figuren in seiner eigenen Erzählersprache gestalten, sie dabei zusammenfassen, interpretieren und einordnen. So nimmt er die Gedanken und Gefühle der jeweiligen Figur in seinen eigenen Erzählduktus auf und wahrt eine gewisse erzählerische Distanz. Zum anderen hat er die Möglichkeit, in Form einer direkten Rede, einer erlebten Rede oder eines inneren Monologs die Figuren selbst sprechen zu lassen und sie dem Leser in ihrer eigenen Denk- und Redeweise unmittelbar nahezubringen.

Präsentationsweisen der Innensicht

Da es Musils Intention ist, die Zerrissenheit seiner Hauptfigur Törleß, die Unvereinbarkeit seines Denkens mit der Welt der Gefühle auch psychologisch zu deuten, wählt er in den meisten Situationen den Erzählerbericht zur Wiedergabe intrapersonaler Vorgänge. Dies eröffnet dem Erzähler die Möglichkeit, in seiner eigenen Sprache Gefühlsnuancen zu differenzieren oder über den Horizont der Romanfigur hinausgehend eigenes Wissen einzubringen. Lediglich in besonders herausgehobenen Situationen, in denen Törleß durch überraschende Ereignisse in einen Zustand höchster Erregung, mystischer Erlebnisse oder plötzlicher Erkenntnisse gerät, greift Musil auf Darstellungsformen zurück, die die persönliche Denk- und Erlebnisweise der Figur unmittelbarer wiederzugeben vermögen. Eine solche Flexibilisierung der Erzählweise lässt sich beispielsweise während Törleß' Besuch im Zimmer der Božena beobachten. Hier quält sich Törleß mit der Frage, wie es denn dazu kommen könne, dass sich das Bild seiner Mutter so eng mit dem der Božena verknüpfe. Da schweift sein Blick plötzlich von der heruntergekommenen Einrichtung, der schäbigen Ausstattung des Raums und von Boženas schrillem und hässlichem Aussehen durch einen Gardinenspalt zu den Wolken und dem Mond am Abendhimmel:

Dominanz des Erzählerberichts

Flexibilisierung der Erzählweise

Das war, als ob er plötzlich in die frische, ruhige
Nachtluft hinausgetreten wäre. Eine Weile wurden alle
Gedanken ganz still. Dann kam ihm eine angenehme
Erinnerung. Das Landhaus, das sie letzten Sommer
5 bewohnt hatten. Nächte im schweigenden Park. Ein
sternzitterndes, samtdunkles Firmament. Die Stimme
seiner Mutter aus der Tiefe des Gartens, wo sie mit Papa
auf den schwach schimmernden Kieswegen spazieren-
ging. Lieder, die sie halblaut vor sich hinsang. Aber da,
10 … es fuhr ihm kalt durch den Leib, … war auch wieder
dieses quälende Vergleichen. Was mochten die beiden
dabei gefühlt haben? Liebe? Nein, der Gedanke kam
ihm jetzt zum erstenmal. Überhaupt war das etwas ganz
anderes. Nichts für große und erwachsene Menschen;
15 gar für seine Eltern. Nachts am offenen Fenster sitzen
und sich verlassen fühlen, sich anders fühlen als die
Großen, von jedem Lachen und von jedem spöttischen
Blick mißverstanden, niemandem erklären können, was
man schon bedeute, und sich nach einer sehnen, die
20 das verstünde, … das ist Liebe! Aber dazu muß man jung
und einsam sein. Bei ihnen mußte es etwas anderes
gewesen sein; etwas Ruhiges und Gleichmütiges. Mama
sang einfach am Abend in dem dunklen Garten und war
heiter …. (S. 46)

Von der Erzählersprache zum Figurenbewusstsein

Zunächst bleibt der Erzähler noch im Duktus seines Be-
richts und signalisiert bereits durch die Formulierung
„Das war, als ob" den Übergang in die Wiedergabe einer
Innensicht. Mit dem Blicksprung in die Natur kommen
Törleß' wirre Gedanken zur Ruhe und mit einer Reihe
von Assoziationen vergegenwärtigt sich Törleß Szenen
aus einem Sommerurlaub mit seinen Eltern (Z. 4–9).
Mit unverbundenen Satzfetzen ohne Verben versucht
der Erzähler das Auftauchen der Impressionen nachzu-
gestalten und sich dem Bewusstsein des Törleß in diesen Sekunden zu nähern. Noch aber ist die Sprache von
dem stilistischen Duktus des Erzählers bestimmt, wie
die Formulierung „Ein sternzitterndes, samtdunkles Firmament" (Z. 5 f.) deutlich erkennen lässt. Zwar ist auch
hier schon mit dem Ausdruck „Papa" (Z. 7) eine Nähe
zu Törleß' Denkweise signalisiert, doch beginnt erst mit
dem fast schon als Ausruf hervorgehobenen „Aber da"
(Z. 9), unterbrochen durch einen mit Auslassungspunk-

Übergang zur erlebten Rede

ten davor und danach angedeuteten kurzen Verweis
der Erzählers auf Törleß' plötzliche Betroffenheit, eine

deutlich markierte erlebte Rede (Z. 9–15). Mit ihr kann der Erzähler nicht ausgesprochene Gedanken und Empfindungen einer Person in der dritten Person des Imperfekts so formulieren, dass ein größerer Eindruck der Unmittelbarkeit entsteht. Hier entspricht dem Wechsel in die erlebte Rede auch ein Bruch in der Erlebnisweise der Figur: Törleß' friedliche und idyllische Impressionen werden durch quälende Gedanken unterbrochen, Ungewissheit entsteht, Fragen stellen sich, für die die erlebte Rede ein häufig gewählter, typischer Modus ist. Ein erneuter Umbruch in Törleß' Denken wird wiederum durch einen Wechsel der Präsentationsform markiert. An dem Punkt, wo Törleß den Unterschied zwischen seinen erwachsenen Eltern und ihm realisiert, bedient sich der Erzähler des inneren Monologs, einer noch unmittelbareren Wiedergabe der Gedanken im Tempus des Präsens, ohne Anführungszeichen und ohne „inquit"-Formel wie „er dachte" oder „er meinte" (Z. 15–21). So ist der entscheidende Moment, in dem ein quälender Denkprozess einen vorläufigen Abschluss findet, durch die Unmittelbarkeit des inneren Monologs herausgehoben. Mit dem anschließenden Tempuswechsel knüpft der Erzähler schließlich an der vorangegangenen erlebten Rede wieder an (Z. 21–24).

Einschub eines inneren Monologs

Noch deutlicher lehnt sich der Erzähler an die Figurensprache, an Törleß' Erlebnisweise an, als er in Folge von Boženas lästerlichen Reden erkennen muss, dass auch seine Eltern durchaus eine Sexualität leben:

> Sie tuen es auch! Sie verraten dich! Du hast geheime Mitspieler! Vielleicht ist es bei ihnen irgendwie anders, aber das muß bei ihnen das gleiche sein: eine geheime, fürchterliche Freude. Etwas, in dem man sich mit all
> 5   seiner Angst vor dem Gleichmaß der Tage ertränken kann …. Vielleicht wissen sie sogar mehr …?! … Etwas ganz Ungewöhnliches? Denn sie sind am Tage so beruhigt; … und dieses Lachen seiner Mutter? … als ob sie mit ruhigem Schritte ginge, alle Türen zu schließen. (S. 48)

Hier verfolgt der Erzähler das Ziel, in einem inneren Monolog dem Gedankenfluss der Figur möglichst nahezukommen. Er beginnt mit einer Kette von Ausrufen,

Ansätze eines
*stream of
consciousness*

Situationen
des Übergangs
in die Figuren-
sprache

schließt dann Törleß' Versuch einer rationalen Erklärung an (Z. 1–6) und gibt schließlich Törleß' Gedanken und Erinnerungsfetzen, durch Auslassungspunkte voneinander abgehoben, im sprunghaften, ungeordneten Stil eines *stream of consciousness*, eines Gedankenstroms, wieder (Z. 6–10). Solche Ansätze, eine Folge assoziativ miteinander verbundene Bewusstseinsinhalte sprachlich nachzubilden, sind in Musil *Törleß* jedoch äußerst selten auszumachen.

Von starker Emotionalität geprägte Situationen, in denen der Erzähler zur Wiedergabe intrapersonaler Vorgänge sich der direkten Rede, der erlebten Rede oder des inneren Monologs bedient, sind im weiteren Verlauf des Romans Törleß' Entdeckung, dass Beineberg Reiting und Basini bei sexuellen Handlungen beobachtet hat (vgl. S. 77), seine in mystischer Starre auf dem Dachboden erlebten Visionen (vgl. S. 99 f.) und das an den Besuch bei seinem Mathematiklehrer anknüpfende Traumgeschehen (vgl. S. 120). Dass sich der Erzähler dabei auch der Grenzen bewusst ist, die der sprachlichen Wiedergabe von Törleß' Gedanken und Empfindungen gesetzt sind, lässt er schließlich in jener Szene durchblicken, in der Törleß durch eine Bemerkung Basinis zutiefst getroffen wird. Basini wehrt Törleß' inquisitorische Fragen mit der Unterstellung ab, er, Törleß, hätte in seiner Situation ähnlich gehandelt. Zu seiner Bestürzung muss Törleß realisieren, dass seine Erlebnisweise einer vergleichbaren Erniedrigung von der Basinis nicht weit entfernt wäre:

> Törleß' Selbstbewußtsein lehnte sich in heller Verachtung selbst gegen die bloße Zumutung auf. Und doch schien ihm diese Auflehnung seines ganzen Wesens keine befriedigende Gewähr zu bieten. «… ja, ich würde
> 5 mehr Charakter haben als er, ich würde solche Zumutungen nicht ertragen, – aber ist dies auch von Belang? Ist es von Belang, daß ich aus Festigkeit, aus Anständigkeit, aus lauter Gründen, die mir jetzt ganz nebensächlich sind, anders handeln würde? Nein, nicht daran
> 10 liegt's, wie ich handeln würde, sondern daran, daß ich, wenn ich einmal wirklich so handelte wie Basini, ebensowenig Außergewöhnliches dabei empfinden würde wie er. Dies ist das Eigentliche: mein Gefühl meiner selbst würde genau so einfach und von allem Fragwürdigen
> 15 entfernt sein wie das seine …» (S. 148 f.)

Hier gibt der Erzähler Törleß' Gedankengang in einer durch Anführungszeichen markierten direkten Rede wieder. Während zu Beginn der direkten Rede die Formulierung der Gedanken eher den Eindruck erweckt, hier sei ein authentischer Denkprozess wiedergegeben (Z. 4–9), wirkt der zweite Teil (Z. 9–15) wie vom Erzähler mit seinem Sprachduktus überformuliert. Eine solche Überformulierung erweist sich angesichts des äußerst komplizierten Gedankenwegs, den Törleß offensichtlich verfolgt, fast als unumgänglich. Dass der Erzähler gespürt hat, hier an die Grenzen des sprachlich Darstellbaren gestoßen zu sein, verrät sein angefügter Kommentar. Dieser Gedanke sei „in abgerissenen, übereinander greifenden, immer wieder von vorne anfangenden Sätzen gedacht" (S. 149) worden, so ergänzt er in der Art einer nachträglichen Regieanweisung und holt kommentierend nach, was die sprachliche Gestaltung nicht hergeben kann.

Grenzen der Darstellbarkeit intrapersoneller Vorgänge

Wie der Titel des Romans bereits ankündigt, stehen die Verwirrungen des jungen Törleß thematisch im Zentrum, eine Lebenskrise also, die in ihrer Genese, ihrem institutionellen Rahmen, ihren psychischen Auswirkungen und schließlich auch in ihrer Überwindung dargestellt wird. So ist es naheliegend, dass der Wiedergabe von inneren Vorgängen, den „Verwirrungen" der zentralen Figur Törleß, ein breiter, oft fast schon essayistisch ausgestalteter Raum eröffnet wird. Dass der auktoriale Erzähler von seiner Möglichkeit, den Leser auch ins Innere der anderen Figuren blicken zu lassen, keinen Gebrauch macht, mag überraschen. Beineberg und Reiting, Basini und Božena gewinnen ihr Profil durch ihr Handeln und ihr Reden. Wenn man etwas über ihre emotionale Befindlichkeit erfährt, so durch den Erzähler oder den Beobachter Törleß, die insbesondere in Situationen emotionaler Spannungen auf die Mimik, Gestik, den Körperausdruck der Gesprächspartner achten. Dies ist insbesondere in jenem Gespräch zu beobachten, das Beineberg und Törleß im Anschluss an dessen Unterredung mit dem Mathematiklehrer über die Unendlichkeit und das begrenzte Denken der Erwachsenen führen: „Und wie immer in der Erregung wirkte Beineberg peinlich auf Törleß. Jetzt gar, wo er sich vorschob, so nahe heran, dass seine Augen unbeweglich, wie zwei

Thematischer Schwerpunkt durch Innensicht

Personenzeichnung durch Außensicht

grünliche Steine vor Törleß standen, während die Hände mit einer eigentümlich häßlichen Behendigkeit im Halbdunkel hin und her zuckten." (S. 116) Auch die weiteren Stadien in Beinebergs Gefühlsdynamik werden in einer Außensicht angedeutet: „Beineberg verzog es bei dieser ungewohnten Entschiedenheit, ja Grobheit seines jüngeren Kameraden vor Ärger den Mund." Und schließlich: „Merkwürdigerweise wurde Beineberg nicht böse; er lächelte nur – zwar ein wenig verzerrt, und seine Augen funkelten doppelt so unruhig – und sagte in einem fort: ,Du wirst schon sehen, du wirst schon sehen ....'" (S. 117 f.) Hier nimmt der Erzähler eine konsequente Außensicht ein und kann, ähnlich wie Törleß, Beinebergs Empfindungen nur anhand gestischer und mimischer Signale deuten.

Musil über
die Zeichnung
der Charaktere

Aufschlussreich ist für die Zeichnung der Figuren im *Törleß* eine Äußerung Musils kurz nach der Fertigstellung des Romans. „Die Zeichnung der Charaktere ist stilisiert", so schreibt er in einem Briefentwurf vom März 1905, „alles auf die kürzeste Linie zusammengefaßt, keine vollen Menschen dargestellt sondern jeweils nur deren Schwerlinie." (Zit. nach: Schröder-Werle, 2001, S. 72) Zwar ist die Schwerlinie, die bei einem Dreieck durch einen Eckpunkt und den Halbierungspunkt der gegenüberliegenden Seite verläuft, eine zentrale Achse, auf der sich auch der Schwerpunkt befindet, doch suggeriert das Bild eine etwas überzogene Stilisierung. Durch den Zusatz: „Die psychologischen Schwerlinien gehören mehr oder minder konstruierten Figuren an", deren innerer Konsequenz man sich aber doch nicht entziehen

Figuren als
Träger von Eigen-
schaften

könne, wird Musils Kompositionsprinzip etwas transparenter: Die Figuren, so lässt sich diese Selbstdeutung zusammenfassen, sind als Träger bestimmter Eigenschaften, Einstellungen und Verhaltensweisen konzipiert. Dabei hat Musil die psychologische Stringenz ihres Verhaltens stärker gewichtet als die vollständige Ausgestaltung ihrer Charaktere. Als sicherlich auch konstruiert, aber umfassender ausgestaltet kann die Figur Törleß gelten, in deren Denk- und Erlebnisweise Musil mehr persönliche Erfahrungen eingeschrieben hat als in alle anderen Figuren. Bei ihnen hat sich der Erzähler einer Innensicht enthalten, sie stellen sich in ihren Handlungen und Reden dar.

Sprachstil und Motivik

Einerseits ist der literarische Rang von Musils *Törleß* insgesamt unumstritten. Schon sein erster Leser, der renommierte Kritiker Alfred Kerr, bezeichnete den Roman als „Lebensbuch", das geschrieben sei „von einem selbständigen, nach Einsicht grabenden, tapferen Geist; dem Niedriges und Widriges darum fernliegt, weil es ihm, alles in allem, um das Bedeutungsvolle zu tun ist." (Zit. nach: Schröder-Werle, 2001, S. 88) Das Starke seines Wertes liege „in der ruhigen, verinnerlichten Gestaltung abseitiger Dinge dieses Lebens, – die eben doch in diesem Leben sind." (Ebd., S. 81) Als „präzis, scharf, von einer gewissermaßen gläsernen Helle" (Minder, 1977, S. 83) lobt Robert Minder den Roman. Walter Jens attestiert, achtzig Jahre nach dem Erscheinen des Romans, der Figur des Törleß auch weiterhin ungeminderte Aktualität: „,Das Leben liegt vor ihm', hat Alfred Kerr 1906 geschrieben – und das gilt auch heute noch von diesem Möglichkeitsmenschen, der in seiner Vielschichtigkeit, seiner Widersprüchlichkeit, seinem Hermaphroditen-Wesen wirklichkeitsmächtiger als seine Zeitgenossen bleibt, die tatsächlich gelebt haben." (Jens, 1989, S. 63) In jüngster Zeit hat Roland Kroemer noch einmal darauf hingewiesen, dass der *Törleß* „längst zum modernen Klassiker geworden" sei und „als eines der wichtigsten deutschsprachigen Werke um 1900" (Kroemer, 2004, S. 9) gelten könne.

Literarische Bedeutung des *Törleß*

Ungeminderte Aktualität

Andererseits hat der sprachliche Stil des Romans von der Zeit seines Erscheinens bis heute Anlass zu kritischen Anmerkungen gegeben. Musil selbst hat sich des Öfteren recht ungnädig über den „gräßlichen Stil der ‚Verwirrungen'" (zit. nach: Schröder-Werle, 2001, S. 62) geäußert und noch 1940, als er dem Historiker Carl Jakob Burckhard ein Exemplar der Erstausgabe übersandte, entschuldigend darauf verwiesen, es enthalte „noch vollzählig alle Sprachsünden, von denen ich für eine spätere Ausgabe die ärgsten gemildert habe, ohne sie entfernen zu können, weil die Sünde eben doch Fleisch ist." (Ebd., S. 61) Sicher seien an seinem Buche auch Mängel der Zeichnung und Komposition und noch allerhand Untugenden zu rügen", so schreibt ein zeitgenössischer Rezensent und fährt fort: „Eine bloß ästhetische Wertung dieses

Musils Kritik am Sprachstil

Erstlingswerkes würde uns jedoch an seiner eigentlichen Bedeutung blind vorüber gehen lassen." (Ebd., S. 91) Walter Jens kommentiert nach dem Zitieren einiger verunglückter Vergleiche Musils Stil mit der Bemerkung: „Ja, es gibt sprachlich viel Mißlungenes in diesem Erstling [...]: pathetisch vorgetragene Klischees, ein Gemengsel von Poesie und Amtssprache, vages Drumherumreden statt exakter Benennung", um diese Kritik aber doch mit dem Nachsatz zu relativieren: „Geschenkt, verehrte Rezensenten, vergessen wir das." (Jens, 1989, S. 60)

In der Tat ist der Vergleich ein von Musil auffallend häufig und ausgiebig benutztes Stilmittel, das er virtuos zu handhaben versteht, das ihm gelegentlich aber auch entgleiten kann. Insbesondere zur differenzierten Wiedergabe von außergewöhnlichen Stimmungen, zur Nuancierung und Tönung unterschiedlicher Erlebnisweisen seiner Hauptfigur Törleß bedient sich Musil unzähliger Vergleiche, deren detaillierte, impressionistische Ausgestaltung oft dazu führt, dass die Bildbereiche eine eigene Dynamik erhalten. So wird etwa das Gefühl, das Törleß im Zusammensein mit dem jungen Fürsten empfindet, mit dem „in einer abseits des Weges liegenden Kapelle" (S. 14) verglichen, dieser Bildbereich dann aber schrittweise ausgestaltet: Von dem Genuss ist die Rede, „das Tageslicht einmal durch Kirchenfenster anzusehen und das Auge so lange über den nutzlosen, vergoldeten Zierrat gleiten zu lassen, der in der Seele dieses Menschen aufgehäuft war", so, als ob er „mit dem Finger eine schöne, aber nach seltsamen Gesetzen verschlungene Arabeske nachzöge." (Ebd.) Die hier vermittelte Vision ästhetischer Bilder gibt der Gestalt des jungen Fürsten eine erhabene Aura, die durch den mit „so, als ob" eingeleiteten Vergleich innerhalb des Vergleichs, durch das Bild einer jugendstilhaften Arabeske noch eine Überhöhung erhält. Durch das Stilmittel der Synästhesie, der Verbindung der sensiblen Empfindung des Tastens über ein schönes Ornament mit dem Gefühl, das die Gegenwart des Fürsten in der Person des Törleß entstehen lässt, erhält der Vergleich schließlich eine weitere ästhetische Dimension.

Häufig entnimmt Musil gerade bei der Darstellung komplexer, feiner strukturierter Empfindungen ausgefallene

Verunglückte Vergleiche

Funktion und Ausgestaltung der Vergleiche

Jugendstilhafte Elemente und Synästhesie

Vergleiche aus dem Bereich der Natur. So beispielsweise in einer Situation des Wieder-Erlebens vergangener Situationen, während Törleß im Park des Konvikts liegt: „Die Erinnerung an das so furchtbar stille, farbentraurige Schweigen mancher Abende wechselte unvermittelt mit der heißen, zitternden Unruhe eines Sommernachmittags, die einmal seine Seele glühend, wie mit den zuckenden Füßen eines huschenden Schwarms schillernder Eidechsen überlaufen hatte." (S. 90 f.) Wird mit der synästhetischen (mehrere Sinneseindrücke verbindenden) Formulierung „heiße, zitternde Unruhe" bereits die Besonderheit der mittäglichen Situation hervorgehoben, so wird durch den ausgefallenen, exotischen Vergleich die charakterisierte Empfindung dem Vorstellungsvermögen des Lesers fast schon entzogen. Aber unabhängig davon, ob der Vergleich für den Leser visuell oder emotional nachvollziehbar ist, es verbindet sich mit ihm ein poetischer Reiz, der auch lyrischer Sprache innewohnt. Eines ähnlich poetischen Vergleichs bedient sich der Erzähler, als Törleß eine Empfindung aus seiner Kindheit wieder auf seiner Haut zu spüren meint: „Ein Jagen und Hasten, das sich tausendfältig, wie mit samtenen Fühlfäden von Schmetterlingen an seinem Körper stieß." (S. 122)

Schließlich ist den Kritikern von Musils Sprachstil darin Recht zu geben, dass manche Vergleiche die verglichene Gefühlsdimension kaum verdeutlichen können, da sie zu gezwungen wirken, strengen ästhetischen Maßstäben nicht standhalten oder nicht stringent sind. Dies ist der Fall, wenn von Törleß' Seele gesagt wird, sie sei wie schwarze Erde, „unter der sich die Keime schon regen, ohne daß man noch weiß, wie sie herausbrechen werden" (S. 182), oder von Božena berichtet wird, sie sei doch „soweit Weib, daß sie Teile seines Inneren, die wie reifende Keime noch auf den befruchtenden Augenblick warteten, gleichsam frühzeitig an die Oberfläche riß." (S. 42) Auch wenn der Erzähler schließlich die Bildstruktur der keimenden Erde noch einmal aufgreift, um Törleß' schon früher vorhandene Sinnlichkeit genauer zu charakterisieren, fehlt der Ausgestaltung des Vergleichs jegliche Stringenz: „Es war die heimliche, ziellose, auf niemanden bezogene, melancholische Sinnlichkeit des Heranreifenden, welche wie die feuchte,

Poetischer Reiz der Vergleiche

Misslungene Vergleiche

Fehlende Stringenz

schwarze, keimtragende Erde im Frühjahr ist und wie dunkle unterirdische Gewässer, die nur eines zufälligen Anlasses bedürfen, um durch ihre Mauern zu brechen." (S. 155) Ebenfalls wenig poetisch, eher unfreiwillig komisch wirkt es, wenn der Erzähler Basinis körperlichen Einfluss mit dem Reiz vergleicht, „wie wenn man in der Nähe eines Weibes schläft, von dem man jeden Augenblick die Decke wegziehen kann." (S. 132)

Sentenz als Mittel der Distanznahme

Dienen die Vergleiche einer möglichst nachvollziehbaren Vergegenwärtigung sinnlicher Eindrücke und differenzierter Stimmungen, so ist im Gegensatz dazu die Sentenz ein Mittel der Distanznahme. Ebenfalls an exponierten Stellen des Textes kontrapunktisch eingesetzt, vermittelt sie den Eindruck, auf allgemein anerkannte Wahrheiten zurückzugreifen. In der antiken Rhetorik zählt die Sentenz zu den Mitteln der Überzeugung, sie hat kurz, fasslich, präzise, pointiert formuliert zu sein und dient sowohl dem Beweis als auch dem Schmuck der Rede. „Es ist aber die Sentenz eine Erklärung, jedoch nicht über das, was den Einzelnen betrifft", so definiert Aristoteles die Sentenz, „sondern über etwas das Allgemeine betreffend." (Zit. nach: Ueding, 1994, S. 268 f.) Während der antiken Rhetorik entsprechend die Sentenz als eher kurzer, überraschender, aber auf die Situation bezogener Sinnspruch in den Text integriert werden soll, erweitert Musil die Sentenz und verleiht ihr durch kunstvolle Ausgestaltung fast schon den Charakter eines Erzählerkommentars.

Musils Umgang mit Sentenzen

Deutlich spürbar ist der mit dem Einsatz einer Sentenz verbundene Wechsel des Stils und des argumentativen Gestus: „Denn in der Entwicklung einer jeden feinen moralischen Kraft gibt es einen solchen frühen Punkt, wo die Seele schwächt, deren kühnste Erfahrung sie einst vielleicht sein wird, – so als ob sich ihre Wurzeln erst suchend senken und den Boden zerwühlen müßten, den sie nachher zu stützen bestimmt sind, – weswegen Jünglinge mit großer Zukunft meist eine an Demütigungen reiche Vergangenheit besitzen." (S. 33)

Kennzeichen des Sentenzhaften

Als Sentenz markiert ist diese Aussage durch die verallgemeinernde Formulierung „einer jeden feinen moralischen Kraft", damit grenzt sie sich von der zuvor geschilderten Gefühlsdynamik des jungen Törleß ab und erhebt den Anspruch, eine allgemeine Wahrheit zu beinhalten.

Deutlichen Sentenzcharakter weist auch der Schluss auf, der in knapper sprachlicher Form und mit der verallgemeinernden Wendung „Jünglinge mit großer Zukunft" einen pointierten Lehrsatz formuliert. Zwischen die beiden Teile der Sentenz hat der Erzähler in Parenthese allerdings noch einen Vergleich eingeschoben.

Mit solchen Sentenzen schafft sich der Erzähler eine neue, von der Thematik des Ausgangstextes angestoßene und mit ihm vernetzte Ebene der allgemeinen Reflexion. Gerade angesichts seiner differenzierten psychologischen Analysen der emotionalen und gedanklichen Befindlichkeiten seiner Hauptfigur nutzt der Erzähler die Möglichkeit, sein psychologisches Wissen zu präsentieren und sich als philosophisch denkender Mensch zu profilieren: „Und es gibt auch sonst Dinge, wo zwischen Erleben und Erfassen diese Unvergleichlichkeit herrscht. Immer aber ist es so, daß wir das, was wir in einem Augenblick ungeteilt und ohne Fragen erleben, unverständlich und verwirrt wird, wenn wir es mit den Ketten der Gedanken zu unserem bleibenden Besitz fesseln wollen. Und was groß und menschenfremd aussieht, solange unsere Worte von ferne danach langen, wird einfach und verliert des Beunruhigende, sobald es in den Tatkreis unseres Lebens eintritt." (S. 91) Durch die verallgemeinernde Formulierung „Und es gibt auch sonst Dinge", durch das „Immer" und den Gebrauch des „wir" als Sentenz deutlich gemacht, hebt der Erzähler hier eine zentrale, an die Philosophie Maeterlincks angelehnte Erkenntnis als allgemeine Wahrheit hervor.

Sentenzen als eigene Reflexionsebene

Schließlich macht Musil ausgiebig von der Möglichkeit Gebrauch, dem Roman eine Motivstruktur zu unterlegen. Unter einem Motiv wird hier ein bedeutungsvolles thematisches Element verstanden, das bei der Strukturierung des Romangeschehens die Funktion eines Bedeutungsträgers übernehmen kann. Solche offensichtlichen Bedeutungsträger sind im *Törleß* die „Tür" und das „Tor" sowie die damit in Beziehung stehenden Elemente des „Sprungs", der „Mauer" und der „Grenze". Sie alle verweisen auf die zentrale Thematik des Romans, die Selbstfindung der Titelfigur. Zwar ist die Herkunft und Bedeutung des Namens „Törleß" in der Forschung noch nicht ganz geklärt, zwar könnte er sich von dem ungarischen Wort „törlés", das Ausstreichen, die Lö-

Funktion der Motivik

Bezug zum Namen „Törleß"

schung, herleiten, doch spricht einiges dafür, dass es sich bei dem Eigennamen um ein deutsch-englisches Mischwort handelt, das auf „Torlosigkeit" hinweist (vgl. Corino, 2003, S. 249). Plausibel wird diese Deutung dadurch, dass Musil, darauf verweist sein Biograph Karl Corino, einmal versucht habe, aus den Buchstaben seines Nachnamens die Ranken eines eisernen Portals zu bilden, plausibler noch wird sie durch die den Roman strukturierende Funktion des Motivs des Tores oder, als Variante, der Tür.

Motiv des Tores und der Tür

Im Zusammenhang mit Törleß' Einsamkeitsfantasien wird das Motiv des Tores oder der Tür als strukturbildendes Element zum ersten Mal aufgebaut. Der Erzähler schildert hier Törleß' Vision, er gehe durch die dunklen Zimmer eines leeren Hauses, bis schließlich alle Türen sowohl hinter ihm wie vor ihm zufielen und er sich allein mit der „Herrin der schwarzen Scharen" (S. 33) befände, während draußen vor den „Mauern" die schwarzen Eunuchen Wache stünden. Ambivalent ist diese Vision für Törleß insofern, als die Bedrohlichkeit der Einsamkeit und des Eingeschlossenseins zugleich mit einem erotischen Reiz verbunden ist. Diese Verknüpfung mit dem Bereich der Erotik wird wenig später wieder aufgegriffen, ausgerechnet in jener Situation, als Törleß im Zimmer der Božena plötzlich realisiert, dass auch seine Eltern ein Sexualleben führen: „... und dieses Lachen seiner Mutter? ... als ob sie mit ruhigem Schritte ginge, alle Türen zu schließen. – – –" (S. 48) Die Mutter, deren Sexualität Törleß mit Empörung und Wut auf die Schliche gekommen ist, rückt nun in die Nähe jener Herrin der schwarzen Scharen, auch in ihrer Anwesenheit schließen sich alle Türen, und auch von ihr geht eine, freilich nicht eingestandene, erotische Verlockung aus.

Verknüpfung mit dem Bereich der Erotik

Tor zu anderen Wirklichkeitsbereichen

Danach erlebt Törleß das Tor zum einen als Übergang von der ihm vertrauten, hellen Alltagswelt in die erlebhaften, leidenschaftlichen, unkontrollierten Welten (vgl. S. 64), zum andern aber auch als Zugang zu den Wirklichkeitsbereichen der Wissenschaft. So meint Törleß, der Mathematiklehrer trage seine Fachkenntnis bei sich „wie den Schlüssel eines versperrten Gartens" (S. 105); die Art, wie dieser das Wort „Mathematik" ausspricht, weckt bei Törleß die Vorstellung, er wolle eine „verhängnisvolle Tür ein für allemal zuschlagen" (S. 108), und wenig später hat Törleß diese Tür auch schon „zufallen gehört" (S. 109). Mit gleicher Motivik wird auch dessen misslungener Versuch aufgearbeitet, durch die Lektüre Kants sich einen Zugang zur Welt der Philosophie eröffnen zu können. Auch hier macht er die Erfahrung, „noch immer vor einem verschlossenen Tore stehen" (S. 123) zu müssen. Erst nach der begonnenen Niederschrift seines Essays über die Natur des Menschen überkommt Törleß das Gefühl, „er habe den Griff zu der Türe, die hinüberführe, schon in der Hand gefühlt, nur sei er ihm wieder entglitten." (S. 131) Kurz vor dem nächtlichen Überfall Basinis fasst der Erzähler die Motivstruktur des Tores, der Tür, der Grenze auf einer höheren Abstraktionsebene noch einmal zusammen. Er entwickelt die Vorstellung einer unsichtbaren Grenze, die um den Menschen gezogen sei. Das außerhalb dieser Grenze Liegende empfinde man als drohend und groß, innerhalb dieser Grenze erhalte es jedoch ein normales menschliches Maß. Er fährt fort: „Und zwischen dem Leben, das man lebt, und dem Leben, das man fühlt, ahnt, von ferne sieht, liegt wie ein enges Tor die unsichtbare Grenze, in dem sich die Bilder der Ereignisse zusammendrücken müssen, um in den Menschen einzugehen." (S. 151)

Noch einmal, unmittelbar bevor sich Törleß der Verführung durch Basini hingibt, tauchen Elemente der ursprünglichen Einsamkeitsvision wieder auf: „Er wollte zu sich selbst zurückfinden: aber wie schwarze Wächter lagen sie vor allen Toren." (S. 153) Offensichtlich erlebt Törleß hier das verschlossene Tor von seiner Außenseite: die Rückkehr in das Refugium seiner Einsamkeit, in den erotischen Dunstkreis der Mutter ist ihm versperrt. Wenn ihm nun auch dieser Raum der einsamen Nähe zu seiner Mutter verstellt ist, so öffnet sich ihm doch jene Welt der Sinnlichkeit und Sexualität, an deren verschlossenen Toren er bisher gescheitert ist: Jetzt wurden „die verschwiegenen Verstecke, in denen sich alles Heimliche, Verbotene, Schwüle, Ungewisse und Einsame von Törleß' Seele gesammelt hatte, aufgestoßen" und es „riß mit einem Schlage ein Tor zum Leben auf" (S. 155 f.). Als er wenig später sein Heft mit dem Essayanfang wieder aufschlägt, werden seine Gedanken plötzlich lebendig und liegen „wie ein heller Weg" (S. 187) vor ihm.

So durchzieht mit den Motiven des Tors und der Tür den

Allmähliche Öffnung der Tore

Umkehrung der Einsamkeitsvision

Öffnung des Tors zum Leben

Roman eine Struktur, durch die die zentralen Aspekte herausgehoben, miteinander verknüpft und in ihrer Bedeutsamkeit aufgewertet werden. Reiting scheint sich nicht getäuscht zu haben, wenn er die Sinnlichkeit als „das richtige Tor" (S. 165) bezeichnet, auch wenn es ihn dann noch zu mystischen Versuchen drängt.

Romanschluss in neuem Licht

Verständlich wird nun auch der Schluss des Romans: Törleß kann sich beim Vorbeifahren an Boženas Haus ohne größere Gefühlsturbulenzen daran erinnern, wie unvorstellbar ihm damals „das Leben seiner Eltern gewesen war" (S. 200), wobei mit Blick auf die Motivstruktur nur das sexuelle Leben seiner Eltern und insbesondere das seiner Mutter verstanden werden kann. Die erotische Verführungskraft und die gleichzeitige Grausamkeit jener Herrin der schwarzen Scharen, die über das Motiv der verschlossenen Tür mit seiner Mutter verbunden war, hat keine Macht mehr über ihn. Wenn er nun innerlich distanziert den erotischen Duft aus ihrer Taille aufnehmen und prüfen kann, so deshalb, weil sich mit Basinis Hingabe die Türen zu seiner Einsamkeitsvision geschlossen haben.

Literaturhinweise

Textausgaben

Musil, Robert: Gesammelte Werke. Hrsg. von Adolf Frisé. Bd. 2: Prosa und Stücke, Kleine Prosa, Aphorismen, Autobiographisches, Essays und Reden, Kritik. Reinbek bei Hamburg: Rowohlt, 1978. [Zit. als: Prosa.]
– Briefe 1901–1942. Hrsg. von Adolf Frisé. Reinbek bei Hamburg: Rowohlt, 1981. [Zit. als: Briefe.]
– Tagebücher. Hrsg. von Adolf Frisé. 2 Bde. Reinbek bei Hamburg: Rowohlt, 1983. [Zit. als: Tagebücher.]
Hofmannsthal, Hugo von: Ein Brief. In: H. v. H.: Sämtliche Werke. Kritische Ausgabe. Bd. 31. Frankfurt am Main: Fischer, 1991. S. 45–55.
Nietzsche, Friedrich: Ueber Wahrheit und Lüge im aussermoralischen Sinne. In. F. N.: Sämtliche Werke. Kritische Studienausgabe. Neuausg. München: Deutscher Taschenbuch Verlag, 1999. Bd. 1. S. 873–890.
Novalis: Blütenstaub. In: N.: Schriften. Hrsg. von Richard Samuel. Bd. 2: Das philosophische Werk I. Darmstadt: Wissenschaftliche Buchgesellschaft, 1965. S. 413–463.
Wittgenstein, Ludwig: Tractatus logico-philosophicus. In: L. W.: Schriften. Bd. 1. Frankfurt am Main: Suhrkamp, 1960, S. 7–83.

Sekundärliteratur

Zu Robert Musil

Arntzen, Helmut: Musil-Kommentar sämtlicher zu Lebzeiten erschienener Schriften außer dem Roman *Der Mann ohne Eigenschaften*. München: Winkler, 1980.
Berghahn, Wilfried: Robert Musil. Reinbek bei Hamburg: Rowohlt, 1963. (rowohlts monographien.)
Corino, Karl: Robert Musil. Eine Biographie. Reinbek bei Hamburg: Rowohlt, 2003 .
Luserke, Matthias: Robert Musil. Stuttgart/Weimar: Metzler, 1995.

Zu *Die Verwirrungen des Zöglings Törleß* allgemein

Eisenbeis, Manfred: Robert Musil, *Die Verwirrungen des Zöglings Törleß*. Stuttgart: Reclam, 2004.
Großmann, Bernhard: Robert Musil, *Die Verwirrungen des Zöglings Törleß*: Interpretation. 3. Aufl. München: Oldenbourg, 1988.
Jens, Walter: Sadistische Spiele auf dem Dachboden: *Die Verwirrungen des Zöglings Törleß*. In: Romane von gestern – heute gelesen. Hrsg. von Marcel Reich-Ranicki. Bd. 1. Frankfurt am Main: S. Fischer, 1989. S. 55–63.
– Erwachsene Kinder. Das Bild des Jugendlichen in der modernen Literatur. In: W. J.: Statt einer Literaturgeschichte. Düsseldorf: Patmos, 1998. S. 135–160.
Kroemer, Roland: Ein endloser Knoten? Robert Musils *Verwirrungen des Zöglings Törleß* im Spiegel solziologischer, psychoanalytischer und philosophischer Diskurse. München: Fink, 2004.

Minder, Robert: Kadettenhaus, Gruppendynamik und Stilwandel von Wildenbruch bis Rilke und Musil. In: R. M.: Kultur und Literatur in Deutschland und Frankreich. 5 Essays. Frankfurt am Main: Suhrkamp, 1977. S. 76–95.

Schröder-Werle, Renate: Robert Musil, *Die Verwirrungen des Zöglings Törleß*: Erläuterungen und Dokumente. Stuttgart: Reclam, 2001.

Zur Thematik und Erzählweise

Adorno, Theodor W.: Erziehung nach Auschwitz. In: Th. W. A.: Gesammelte Schriften. Bd. 10.2: Kulturkritik und Gesellschaft II. Frankfurt am Main: Suhrkamp, 1977. S. 674–690.

Berger, Peter L. / Luckmann, Thomas: Die gesellschaftliche Konstruktion der Wirklichkeit. Frankfurt am Main: Fischer, 1980.

Emerson, Ralph Waldo: Essays 1. Folge. Leipzig: Eugen Diederichs, 1902.

Freud, Sigmund: Drei Abhandlungen zur Sexualtheorie. In: S. F.: Studienausgabe. Bd. 5: Sexualleben. Frankfurt am Main: S. Fischer, 1972. S. 37–145.

Grimminger, Rolf: Der Sturz der alten Ideale. Sprachkrise, Sprachkritik um die Jahrhundertwende. In: R. G. / Jurij Murasow [u. a.] (Hrsg.): Literarische Moderne. Europäische Literatur im 19. und 20. Jahrhundert. Reinbek bei Hamburg: Rowohlt, 1995. S. 169–200.

Harenbergs Lexikon der Weltliteratur. Autoren – Werke – Begriffe. Bd. 2. Dortmund: Harenberg, 1989.

Huber, Lothar: Robert Musils *Törleß* und die Krise der Sprache. In: Sprachkunst 4 (1973), Heft 1/2. S. 91–99.

Lewandowski, Theodor: Linguistisches Wörterbuch in 3 Bänden. Heidelberg: Quelle & Meyer, 1990.

Maeterlinck, Maurice: Der Schatz der Armen. Jena: Eugen Diederichs, 1906.

Mauthner, Fritz: Beiträge zu einer Kritik der Sprache. Bd. 1: Sprache und Psychologie. Stuttgart: Cotta, 1901.

Mix, York-Gothart: Die Schulen der Nation: Bildungskritik in der Literatur der Moderne. Stuttgart/Weimar: Metzler, 1995.

Popitz, Heinrich: Soziale Normen. Hrsg. von Friedrich Pohlmann und Wolfgang Eßbach. Frankfurt am Main: Suhrkamp, 2006.

Saussure, Ferdinand de: Grundfragen der allgemeinen Sprachwissenschaft. Berlin: De Gruyter, 1967.

Schütz, Alfred / Luckmann, Thomas: Strukturen der Lebenswelt. Bd. 1. 3. Aufl. Frankfurt am Main: Suhrkamp, 1988.

Stanzel, Franz K.: Theorie des Erzählens. 7. Aufl. Göttingen: Vandenhoeck & Ruprecht, 2001.

Ueding, Gert / Steinbrink, Bernd: Grundriß der Rhetorik. Geschichte – Technik – Methode. 3. Aufl. Stuttgart/Weimar: Metzler, 1994.

Prüfungsaufgaben und Lösungen

1 Zwei Romananfänge im Vergleich

Materialgrundlage

- Hermann Hesse: *Unterm Rad*. In: H. H.: *Sämtliche Werke*. Bd. 2. Frankfurt am Main: Suhrkamp, 2001. S. 137–139. Der Roman erschien als Buchausgabe erstmalig 1906.
- Robert Musil: *Die Verwirrungen des Zöglings Törleß*. Hamburg: Rowohlt Taschenbuch Verlag, 2005. S. 7, Z. 1 – S. 9, Z. 10.

Hermann Hesse, *Unterm Rad* [Anfang]

Herr Joseph Giebenrath, Zwischenhändler und Agent, zeichnete sich durch keinerlei Vorzüge oder Eigenheiten vor seinen Mitbürgern aus. Er besaß gleich ihnen eine breite, gesunde Figur, eine leidliche kommerzielle Begabung, verbunden mit einer aufrichtigen, herzlichen Verehrung des Geldes, ferner ein
5   kleines Wohnhaus mit Gärtchen, ein Familiengrab auf dem Friedhof, eine etwas aufgeklärte und fadenscheinig gewordene Kirchlichkeit, angemessenen Respekt vor Gott und der Obrigkeit und blinde Unterwürfigkeit gegen die ehernen Gebote der bürgerlichen Wohlanständigkeit. Er trank manchen Schoppen, war aber niemals betrunken. Er unternahm nebenher manche nicht einwandfreie
10   Geschäfte, aber er führte sie nie über die Grenzen des formell Erlaubten hinaus. Er schimpfte ärmere Leute Hungerleider, reichere Leute Protzen. Er war Mitglied des Bürgervereins und beteiligte sich jeden Freitag am Kegelschieben im „Adler", ferner an jedem Backtag, sowie an den Voressen und Metzelsuppen[1]. Er rauchte zur Arbeit billige Zigarren, nach Tisch und sonntags eine feinere
15   Sorte.
Sein inneres Leben war das des Philisters[2]. Was er etwa an Gemüt besaß, war längst staubig geworden und bestand aus wenig mehr als einem traditionellen, barschen Familiensinn, einem Stolz auf seinen eigenen Sohn und einer gelegentlichen Schenklaune gegen Arme. Seine geistigen Fähigkeiten gingen nicht
20   über eine angeborene, streng abgegrenzte Schlauheit und Rechenkunst hinaus. Seine Lektüre beschränkte sich auf die Zeitung, und um seinen Bedarf an Kunstgenüssen zu decken, war die jährliche Liebhaberaufführung des Bürgervereins und zwischenhinein der Besuch eines Zirkus hinreichend.
Er hätte mit jedem beliebigen Nachbarn Namen und Wohnung vertauschen
25   können, ohne daß irgend etwas anders geworden wäre. Auch das Tiefste seiner Seele, das schlummerlose Mißtrauen gegen jede überlegene Kraft und Persönlichkeit und die instinktive, aus Neid erwachsene Feindseligkeit gegen alles Unalltägliche, Freiere, Feinere, Geistige teilte er mit sämtlichen übrigen Hausvätern der Stadt.

---

1 Suppe nach dem Schlachten mit frischer Blut- und Leberwurst.
2 Kleinbürgerlicher Mensch, Spießbürger.

30 Genug von ihm. Nur ein tiefer Ironiker wäre der Darstellung dieses flachen
Lebens und seiner unbewußten Tragik gewachsen. Aber dieser Mann hatte einen
einzigen Knaben, und von dem ist zu reden.
Hans Giebenrath war ohne Zweifel ein begabtes Kind; es genügte, ihn anzusehen,
wie fein und abgesondert er zwischen den andern herumlief. Das kleine Schwarz-
35 waldnest zeitigte sonst keine solchen Figuren, es war von dort nie ein Mensch
ausgegangen, der einen Blick und eine Wirkung über das Engste hinaus gehabt
hätte. Gott weiß, wo der Knabe die ernsthaften Augen und die gescheite Stirn
und das Feine im Gang her hatte. Vielleicht von der Mutter? Sie war seit Jahren
tot, und man hatte zu ihren Lebzeiten nichts Auffallendes an ihr bemerkt, als
40 daß sie ewig kränklich und bekümmert gewesen war. Der Vater kam nicht in Betracht. Also war wirklich einmal der geheimnisvolle Funke von oben in das alte
Nest gesprungen, das in seinen acht bis neun Jahrhunderten so viele tüchtige
Bürger, aber noch nie ein Talent oder Genie hervorgebracht hatte.
Ein modern geschulter Beobachter hätte, sich an die schwächliche Mutter und
45 an das stattliche Alter der Familie erinnernd, von Hypertrophie[3] der Intelligenz
als Symptom einer einsetzenden Degeneration[4] sprechen können. Aber die
Stadt war so glücklich, keine Leute von dieser Sorte zu beherbergen, und nur
die Jüngeren und Schlaueren unter den Beamten und Schulmeistern hatten
von der Existenz des „modernen Menschen" durch Zeitschriftenartikel eine un-
50 sichere Kunde. Man konnte dort noch leben und gebildet sein, ohne die Reden
Zarathustras[5] zu kennen; die Ehen waren solid und oft glücklich, und das ganze
Leben hatte einen unheilbar altmodischen Habitus. Die warmgesessenen, wohlhabenden Bürger, von denen in den letzten zwanzig Jahren manche aus Hand-
werkern zu Fabrikanten geworden waren, nahmen zwar vor den Beamten die
55 Hüte ab und suchten ihren Umgang, unter sich nannten sie sie aber Hungerleider und Schreiberknechte. Seltsamerweise kannten sie trotzdem keinen
höheren Ehrgeiz als den, ihre Söhne womöglich studieren und Beamte werden
zu lassen. Leider blieb dies so gut wie immer ein schöner, unerfüllter Traum,
denn der Nachwuchs kam zumeist schon durch die Lateinschule nur mit großem
Ächzen und wiederholtem Sitzenbleiben hindurch.
60 Über Hans Giebenraths Begabung gab es keinen Zweifel. Die Lehrer, der Rektor,
die Nachbarn, der Stadtpfarrer, die Mitschüler und jedermann gab zu, der Bub sei
ein feiner Kopf und überhaupt etwas Besonderes. Damit war seine Zukunft bestimmt und festgelegt. Denn in schwäbischen Landen gibt es für begabte Knaben,
ihre Eltern müßten denn reich sein, nur einen einzigen schmalen Pfad: durchs
65 Landexamen ins Seminar, von da ins Tübinger Stift und von dort entweder auf die
Kanzel oder aufs Katheder. Jahr für Jahr betreten drei bis vier Dutzend Landes-
söhne diesen stillen, sicheren Weg, magere, überarbeitete Neukonfirmierte durchlaufen auf Staatskosten die verschiedenen Gebiete des humanistischen Wissens
und treten acht oder neun Jahre später den zweiten, meist längeren Teil ihres
70 Lebensweges an, auf welchem sie dem Staate die empfangenen Wohltaten heim-
bezahlen sollen.

3 Übermäßige Vergrößerung.
4 Genetischer Verfall.
5 Anspielung auf Friedrich Nietzsches 1883–85 erschienene philosophische Schrift
  Also sprach Zarathustra.

Aufgabenstellung

Analysieren und vergleichen Sie die beiden Romananfänge. Bewerten Sie dabei die jeweilige Erzählstrategie im Hinblick auf die Darstellung der Figuren und des Raums.

Analyse des Romananfangs von Hermann Hesses *Unterm Rad*

- **Kontrastiver Aufbau:** Beschreibung der Figur Joseph Giebenrath als angepassten Kleinbürger, in nichts aus dem kleinstädtischen Milieu seines Wohnorts herausragend (Z. 1–29). Nach einer Überleitung des Erzählers (Z. 30–32), im Gegensatz dazu, Beschreibung seines Sohns Hans Giebenrath, eines sensiblen, hochbegabten Kindes, das auch die bisherigen Söhne der Stadt weit überflügelt (Z. 33–71). Innerhalb der beiden Abschnitte deutlich markierte Untergliederungen: Zunächst äußere Verortung Joseph Giebenraths in der kleinbürgerlichen Schicht seines Schwarzwaldorts (Z. 1–15): Deutlich werden seine Mittelmäßigkeit, sein Materialismus, sein Untertanengeist, sein Bedürfnis nach unauffälliger Integration ins örtliche Leben, aber auch sein geschicktes Nutzen kleiner Vorteile am Rande der Legalität. Im zweiten Abschnitt Blick in sein inneres Leben (Z. 16–23): Hervorgehoben wird sein „barscher Familiensinn" (Z. 18), der Stolz auf seinen Sohn, seine gelegentliche, von einer Laune inspirierte Großzügigkeit. Die Teilnahme am kulturellen Leben erschöpft sich im bieder Provinziellen. Dritter Abschnitt im Stil einer Klimax (Z. 24–29): Triebfeder seines Handelns eine nicht ruhende Abwehr alles Kräftigeren, Feineren, Geistigeren, auch darin unterscheidet er sich nicht von seinen Mitbürgern. – Überleitung des Erzählers zur offensichtlichen Hauptfigur des Romans, den Sohn Hans Giebenrath (Z. 30–32); seine Beschreibung ebenfalls in drei klar abgegrenzte Abschnitte gegliedert: Zunächst Spekulation darüber, woher die überragende Klugheit und der Feinsinn des Sohnes kommen könnten (Z. 31–43). Da Vater und Mutter auszuschließen sind, bleibt nur ein göttlicher „Funke von oben" (Z. 41) als Erklärung übrig. Demgegenüber moderne Deutung im zweiten Absatz (Z. 44–59): Hochgradige Intelligenz als Anzeichen eines beginnenden degenerativen Prozesses. Unsichere Kenntnisse modernen Denkens jedoch höchstens bei jüngeren, klügeren Lehrern und Beamten des Orts verbreitet. Ansonsten altmodischer Lebensstil, Untertanengesinnung: Offene Unterwürfigkeit gegenüber Beamten, heimliche Verachtung. Kinder des Ortes werden mühselig durch die Schule gequält. Dritter Abschnitt (Z. 60–72): Hans Giebenraths mutmaßlicher Bildungsgang. Aufgrund allgemein anerkannter Begabung Weg über das Landexamen, einen Platz im Seminar, im Tübinger Stift. Von da aus in den Pfarrer- oder Lehrerberuf.
- **Erzählweise:** Auktorialer Erzähler, erkennbar bereits im ersten Satz an der schroffen Bewertung des Joseph Giebenraths („zeichnete sich durch keinerlei Vorzuge oder Eigenheiten vor seinen Mitbürgern aus", Z. 1 f.). Erzähler verfügt über ironische Distanz, macht von ihr ausgiebig Gebrauch (z. B.: „aufrichtige, herzliche Verehrung des Geldes", vgl. Z. 4, „aufgeklärte, fadenscheinig gewordene Kirchlichkeit", Z. 6, das Gemüt „war längst staubig geworden", Z. 16 f., besteht aus „einem traditionellen, barschen Familiensinn", Z. 17 f., „angeborene, streng abgegrenzte Schlauheit und Rechenkunst", Z. 20, „das Tiefste seiner Seele, das schlummerlose Mißtrauen", Z. 25 f., „die warmgesessenen, wohlhabenden Bürger", Z. 52 f.).

Intensiver Eingriff des auktorialen Erzählers in der Überleitung (Z. 30–32) in Form einer Steuerung des Erzählgeschehens und einer Reflexion über den Erzählprozess: Abbruch der Charakterisierung von Joseph Giebenrath mit der abwertenden Bemerkung: „Genug von ihm" (Z. 30), Hinwendung zu seinem Sohn mit dem Vorsatz: „und von dem ist zu reden" (Z. 32). Dazwischen selbst wieder ironisches Eingeständnis seiner erzählerischen Grenzen: „Nur ein tiefer Ironiker wäre der Darstellung dieses flachen Lebens" gewachsen (Z. 30 f.). Spiel mit der oberflächlich widersprüchlichen Bemerkung, ein „flaches" Leben könne nur mit „tiefer" Ironie angemessen wiedergegeben werden. Offensichtliches Fehlen ironischer Bemerkungen bei der Beschreibung von Hans Giebenrath.

- **Bewertung der Erzählstrategie:** Beginn mit einer äußerst detaillierten Personenbeschreibung. Deutlich spürbare kritische, verächtliche Haltung des Erzählers gegenüber dem kleinbürgerlichen Leben in dem „Schwarzwaldnest" (Z. 34 f.), der Mittelmäßigkeit und dem Spießertum des Joseph Giebenrath. Durch die intensive Wertung der Peson gleich zu Beginn des Romans deutliche Festlegung und auffallende Dominanz des Erzählers, verbunden mit starker Lesersteuerung. Anlage eines Konflikts durch den Aufbau einer kleinbürgerlich-engen, geistfeindlichen Gesinnung des Vaters und seiner sozialen Umgebung einerseits und andererseits der geschilderten Intelligenz, Feinheit und des „abgesonderten" (vgl. Z. 34) Wesens seines Sohnes. Ein weiteres Spannungsverhältnis entsteht durch den Verweis auf den „modernen Menschen" (Z. 49), von dem im Städtchen nur vage Vorstellungen existieren, und dem „traditionellen, barschen Familiensinn" (Z. 17 f.) des Vaters. Zwar intensive, detaillierte Beschreibung der Figuren, aber nur indirekte Beschreibung des Raums durch Verweise auf die Gesellschaftsstruktur.

Vergleichende Analyse des Romananfangs von Musils *Törleß*

- **Aufbau:** Im Gegensatz zu Hesses Romananfang in einem ersten Erzählabschnitt (S. 7 – S. 8, Z. 8) im *Törleß* Beschreibung des Raums in schrittweiser Annäherung. In kurzem, verblosen Satz Lokalisierung der Bahnstation. Beschreibung der Schienenstränge, des Bahnhofsgebäudes, der mit Akazienbäumen gesäumten Rampe (S. 1, Z. 3–14). Eingreifen eines auktorialen Erzählers, der die triste Atmosphäre der Bahnhofsszenerie kommentiert (S. 1, Z. 15–19). Verstärkung der trostlosen Stimmung durch das Auftreten des Bahnhofsvorstehers, der sich umschaut, die Uhrzeit prüft und kopfschüttelnd wieder verschwindet. Ergänzung des Verhaltens durch den Erzähler, der auf die „an der Grenze" erlittene Verspätung des Eilzugs verweist. – In einem zweiten Erzählabschnitt (S. 2, Z. 9–26) Einführung einer heiteren Gesellschaft junger Leute, um ein älteres Ehepaar gruppiert. Auch hier korrigierendes Eingreifen des Erzählers, der die Fröhlichkeit als „keine rechte" (S. 8, Z. 14) bezeichnet. Fokussierung der Aufmerksamkeit auf Frau Hofrat Törleß, deren Augen vom Weinen gerötet sind. Grund ihrer Traurigkeit: Abschied von ihrem einzigen, geliebten Kind, das sie nun nicht mehr schützen kann. Mit der Bemerkung des Erzählers, die Stadt liege „weitab von der Residenz, im Osten des Reiches" (S. 8, Z. 25 f.) Ergänzung der spärlichen topografischen Angaben des ersten Satzes. Mit dem dritten Abschnitt (S. 8, Z. 28 – S. 9, Z. 3) Wechsel des Erzählmodus. Der Erzähler erläutert die Gründe für den Abschiedsschmerz von Frau Törleß, den

Verbleib ihres Sohnes in einem berühmten, traditionsreichen Konvikt. Dies sei eine Ausbildungsstätte, in der die Söhne der besten Familien eine Ausbildung erhielten, die sie auf herausgehobene Berufe und auf den Verkehr in höheren Kreisen vorbereite.

- **Erzählweise:** Erzähler zunächst nicht erkennbar. Atmosphäre des Handlungsorts durch Schilderung der Details vermittelt: „parallele Eisenstränge" verlaufen „endlos" (S. 7, Z. 3), die Rußspuren dunkel „wie ein schmutziger Schatten" (Z. 5 f.), der Boden „zertreten" (vgl. Z. 11), die Akazien „traurig mit verdursteten, von Staub und Ruß erdrosselten Blättern" (Z. 12 f.). Die Erzählweise wird durch die Personalisierungen dynamisiert. Erst mit Z. 15 ein auktorialer Erzähler erkennbar, der die geschilderte Atmosphäre präzisiert und durch poetische Vergleiche zusätzliche visuelle Räume zur Vergegenwärtigung der Stimmung öffnet („als seien sie aus der Szene eines Puppentheaters genommen", Z. 18 f., Vergleich zur Unterstützung der leblosen, mechanischen Aspekte der Szene; ebenso S. 8, Z. 7 f.: „so wie Figuren kommen und gehen, die aus alten Turmuhren treten, wenn die Stunde voll ist", und S. 8, Z. 16 f.: Der Lärm des Lachens scheint „gleichsam an einem zähen, unsichtbaren Widerstande zu Boden zu sinken"). Während bei Hesse die Figuren genau beschrieben werden, der Raum aber nur soziologisch definiert wird, verdichtet Musil die Atmosphäre des Raums, lässt aber die Figuren zunächst noch offen, definiert sie lediglich in ihrer Beziehungsstruktur.
- **Bewertung der Erzählstrategien:** Musil öffnet mit seinem Romananfang einen Raum, der mit seiner Atmosphäre unmittelbar auf die Situation verweist, auf Trennung und Abschiedsschmerz. Diese Stimmung vermittelt sich in ihren Details wie von selbst, noch ohne das deutliche Eingreifen eines Erzählers. Die Situation kann ohne Erzählerkommentar auf den Leser einwirken. Auch in der Folge geht der Erzähler mit seinen Möglichkeiten der Intervention eher sparsam um, keine Anzeichen der Distanzierung, eher ist das Bedürfnis spürbar, den Leser schrittweise in das Geschehen einzuführen. Erst mit S. 8, Z. 28 Beginn einer längeren Erläuterung und Übergang zu einer Rückblende. Gegenüber Hesses *Unterm Rad* wirkt Musils Romananfang insofern moderner, als mit der auktorialen Erzählsituation unauffälliger umgegangen wird. Hesse nutzt die Präsenz des auktorialen Erzählers von Anfang an zum Aufbau einer deutlichen Distanz zum Geschehen. Wenn er die Welt des Joseph Giebenrath beschreibt, grenzt sich der Erzähler durch zum Teil bissige Ironie von dessen Lebensweise ab. Ironische Distanz nimmt Musil nicht ein. Verweise auf künftige Konflikte werden im Romananfang des *Törleß* indirekter und dezenter vermittelt: durch die eindringliche Vergegenwärtigung einer tristen, bedrohlichen, durch Heiterkeit nicht überspielbaren Stimmung.

2 Zeitgenössische Rezension

Materialgrundlage

Ludwig Hirschfeld: *Die Verwirrungen des Zöglings Törleß*. In: Neue Freie Presse (Wien).
30. Dezember 1906. Zit. nach: Renate Schröder-Werle: Robert Musil, *Die Verwirrungen des Zöglings Törleß*: Erläuterungen und Dokumente. Stuttgart: Reclam, 2001. S. 90 f.

Beträchtlich ist in den letzten Jahren die Literatur über die erotische Jugendentwicklung angewachsen, die schließlich in Hermann Hesses *Unterm Rad*
künstlerisch gipfelte. Deutsche und Nordländer haben diese Gattung eifrig ge-
pflegt, auch Franzosen und Russen, nur Oesterreich hat nichts Markantes und
5   Wertvolles beigetragen. Des Publikums jedoch hat sich allmählich ein Gefühl
des Ueberdrusses bemächtigt; man traut diesen jungen Damen und Herren nicht
mehr, die bloß vor ihrer eigenen langweiligen Tür zu kehren verstanden, denn
das bißchen Enthüllung und Skandal wog die unerträgliche Monotonie dieser
Monologe in der dritten Person nicht auf. Und wenn ein Autor heute ein Stück
10 seiner Jugend bloßlegen will, so muß er es schon mit sehr viel Grazie und mit
einem außerordentlichen künstlerischen Aufwand tun – für die als Wahrheit
vermummte Talentlosigkeit sind wir nicht mehr zu sprechen.
Knapp vor Torschluß ist noch ein österreichischer Roman mit solchen Jugendbekenntnissen erschienen. Sein Verfasser, der Robert Musil heißt, scheint ein
15 neuer Mann zu sein, obwohl er einen ziemlich gereiften Eindruck macht. Den
Anfänger verraten bloß das Thema und die weitausholende Manier, die am liebsten alle ungelösten Fragen in einem Buch erörtern und lösen möchte.
Dagegen ist nichts von jener bald fahrigen, bald hölzernen Ungeschicklichkeit
und Aufgeregtheit zu bemerken, die den Neulingen des Lebens und der Literatur
20 eigentümlich zu sein pflegt. Wohl ist das Buch, wie sich von selbst versteht, eine
Beichte, aber noch nie ist jemand so kühl und gelassen, ja überlegen im Beichtstuhl gekniet, wie dieser Herr Robert Musil, und je haarsträubender seine Bekenntnisse sich gestalten, desto kühler und gelassener wird er, und das macht
sein Buch so merkwürdig. […] Das Buch ist mit einer beabsichtigten Trockenheit
25 und Zurückhaltung geschrieben, es wird darin mehr berichtet als erzählt. Nur
an einigen wenigen Stellen leuchtet es hastig poetisch auf, gleichsam wider
den Willen des Dichters, als den man Robert Musil bezeichnen darf. Denn wer
solche zügellose Begebenheiten so herb darzustellen vermag, wer inmitten all
dieser Verwirrtheit nicht die literarische Besonnenheit verliert, der besitzt über
30 den Durchschnitt ragende Fähigkeiten, mögen an seinem Buche auch Mängel
der Zeichnung und Komposition und noch allerhand Untugenden zu rügen sein.
Eine bloße ästhetische Wertung dieses Erstlingswerkes würde uns jedoch an
seiner eigentlichen Bedeutung blind vorübergehen lassen. Auch über die oft ans
Widersinnige grenzenden Anschauungen soll man mit dem Autor nicht rechten.
35 Das untersteht so wenig der Kritik, wie die Erzählung eines Menschen von seinem wirren Traume. Doch wie ein Traum im Zusammenhang mit den Erlebnis-
sen und Eindrücken, die ihn auslösten, tiefe Bedeutung gewinnen kann, so wird

auch dieses Buch unversehens und unbeabsichtigt zu einem Dokument der
Zeit – wider die Zeit. Wider gedankenlose Eltern, die an ihren Kindern bloß
40   sehen, ob sie rote Backen und einen sauber gewaschenen Hals haben; wider gedankenlose Lehrer, die das Kindergehirn als einen bloßen Trichter für Wissen
und Disziplin betrachten; wider alle die dilettierenden und berufsmäßigen Pädagogen, welche die ihnen ausgelieferte Jugend nicht verstehen, weil sie ihre eigene
vergessen oder weil sie überhaupt niemals eine gehabt haben.

Aufgabenstellung

1.   Stellen Sie den Argumentationsansatz und die Argumentationsstruktur des Textes
dar.
2.   Nehmen Sie vor dem Hintergrund Ihrer Romankenntnis zu Hirschfelds Position
kritisch Stellung.

Zu 1: Argumentationsansatz und Argumentationsstruktur

- Ausgangspunkt der Argumentation: Beobachtung, dass die Flut der Literatur
über die „erotische Jugendentwicklung" (Z. 1 f.) ihren Höhepunkt überschritten,
das Publikum das Interesse verloren habe. Als Grund für das nachlassende Publi-
kums-interesse führt Hirschfeld an: Die für das Romangenre typische Themati-
sierung autobiographischer Probleme des Autors und die monologische Form der
Romane werde durch deren Enthüllungs- und Skandalcharakter nicht aufgewogen.
- Daraus leitet er die These her: Wer heute einen solchen Roman auf den Markt bringen wolle, müsse mit „Grazie" und „künstlerischem Aufwand" (Z. 10 f.) schreiben.
Die folgenden zentralen Argumente sind dem Stil einer Rezension entsprechend
teilweise nur lose logisch verknüpft, teilweise adversativ miteinander verbunden,
wodurch sich ein differenzierteres Meinungsbild ausdrücken lässt:
  o   Musils Roman mit „Jugendbekenntnissen" (Z. 13 f.) dieser Art könne auf einen
gereiften Autor schließen lassen, wenn nicht die Manier, alle ungelösten Fragen
erörtern zu wollen, den Anfänger verriete.
  o   Zwar sei das Buch selbstverständlich eine Beichte, weil es aber, je haarsträubender die Bekenntnisse ausfielen, desto „kühler und gelassener" (Z. 23) geschrieben
sei, wirke es merkwürdig.
  o   Zwar zeichne sich der Roman durch eine vom Autor intendierte trockene, zurückhaltende Darstellung aus, bei der der Bericht die Erzählung überwiege. Allerdings „leuchteten" (vgl. Z. 26) doch gelegentlich poetische Stellen auf, wenn auch
gegen den Willen des „Dichters" (Z. 27) Musil.
  o   Dass Musil „zügellose Begebenheiten" (Z. 28) herb darstelle und dabei die Besonnenheit nicht verliere, zeuge für überdurchschnittliche Fähigkeiten.
  o   Zu beanstanden seien allerdings Mängel in der „Zeichnung und Komposition"
(Z. 31) sowie „allerhand Untugenden" (ebd.) und „ans Widersinnige grenzende
Anschauungen" (Z. 33 f.). Jedoch werde eine ausschließlich ästhetische Wertung
dem Roman nicht gerecht.

- Das Buch sei aber ein „Dokument der Zeit – wider die Zeit" (Z. 38 f.). Es richte sich gegen gedankenlose Eltern und Lehrer, gegen die „dilettierenden und berufsmäßigen Pädagogen" (Z. 42 f.), die kein Verständnis für die Jugend entwickeln könnten.

Zu 2: Aspekte für eine kritische Stellungnahme zu Hirschfelds Position

- Die im Argumentationsansatz geforderten Qualitätsmerkmale für einen Roman, der Probleme des Jugendalters thematisiert, sind wie folgt präzisierbar: Mit „Grazie" lässt sich ein anmutiger, gefälliger und eleganter Stil verbinden, mit „künstlerischem Aufwand" ein raffinierter Umgang mit unterschiedlichen epischen Darstellungsformen wie beispielsweise Innensichten der Personen, Wechsel der Perspektiven und der Erzählebenen. Dem stellt Hirschfeld das monotone Monologisieren gegenüber, das langweilige Reden des Erzählers in der dritten Person Singular, das sich durch eine zu starke Fokussierung des Geschehens und Erlebens auf eine Person ergeben kann. Unter diesen beiden Leitaspekten ließe sich die Rezension im Hinblick auf die Stringenz der Argumentation untersuchen.
- Nach Offenlegung dieser Bewertungsmaßstäbe wäre eine kritischere Rezension erwartbar, da der *Törleß* sich nicht vorrangig durch seine Darstellungsqualitäten auszeichnet. Auch ist der Umgang mit Innensichten der Figuren eher traditionell, gibt wenig Experimentierfreude zu erkennen. Es überwiegen Erzählerberichte, Kommentare, Analysen. Offensichtlich erkennt Hirschfeld noch andere Qualitäten, die er höher gewichtet, aber nicht explizit benennt.
- Die zentralen Argumente lassen stellenweise auf Irritationen des Rezensenten schließen. So die Feststellung des Rezensenten, für einen Anfänger mache Musil bereits einen gereiften Eindruck. Nur die Neigung, alle ungelösten Fragen erörtern zu wollen, verrate den literarischen Neuling. Dem ließe sich entgegenhalten: Einen Pubertäts- oder Schulroman zu schreiben, ist nie Musils vorrangige Intention gewesen. Er hat sich vielmehr dieses Genres bedient, um mit seinem ersten Roman die Aufmerksamkeit der literarischen Öffentlichkeit zu erregen. Denn es geht ihm darum, im Rahmen der Gattung Roman einen umfassenderen kulturellen Diskurs zu führen, philosophische Fragen, unterschiedliche Erkenntnisweisen, die Beziehungen zwischen Denken und Fühlen zu thematisieren. So greift er Nietzsches Sprachkritik auf und verarbeitet lebensphilosophische Ideen aus den Werken der zu seiner Zeit geschätzten Philosophen Maeterlinck und Emerson. Damit kultiviert er eine moderne Form des Romans, in den auch Zeitideen einfließen und im Kontext handelnder und denkender Figuren durchgespielt werden.
- Zu widersprechen ist der Selbstverständlichkeit, mit der Hirschfeld Musils Roman als „Beichte" (Z. 21) bezeichnet. Wenn sich auch autobiographische Bezüge nachweisen lassen, so ist der *Törleß* dennoch nicht als unmittelbare Widergabe persönlicher Erlebnisse des Autors zu deuten. Der Gestus der Beichte ist der eines Bekenntnisses mit dem Ziel, eine Absolution zu erhalten. Der Duktus des Romans hingegen der einer genausten Erforschung psychischer und mentaler Prozesse eines Sechzehnjährigen auf dem Weg zur Selbstfindung. Was muss geschehen, so

ließe sich Musils Erkenntnisinteresse beschreiben, damit ein aus kultiviertem Elternhaus stammender, kluger Internatsschüler auf dem Weg zur Selbstfindung und Ich-Stabilität anfällig wird für sexuelle Abwege, für sadistische Spiele, masochistisches Erleben, Homosexualität?

- Die sicherlich zutreffende Einschätzung, Musil werde gerade dann „kühl und gelassen" (Z. 21), wenn er „haarsträubende" (vgl. Z. 22) Bekenntnisse von sich gebe, spricht gegen Hirschfelds Einschätzung, Musil lege mit dem *Törleß* eine persönliche Beichte ab. Törleß, dessen Sichtweise der Erzähler über weite Strecken einnimmt, agiert beispielsweise in seinem inquisitorisch geführten Gespräch mit Basini (vgl. S. 140–151) phasenweise kühl und berechnend, weil er sich durch Basinis Erfahrungen Aufschlüsse über sich selbst erhofft. Meist wird sein Verhalten von Selbstreflexion begleitet, in emotional herausgehobenen Situationen auch nachträglich zergliedert. Wenn auch die Prämisse, Musils Roman sei eine Beichte, ein Bekenntnis, sich als problematisch erweist, ist seiner Beobachtung, die Darstellungsweise werde desto kühler und gelassener, je haarsträubender die geschilderten Ereignisse seien, zutreffend.

- Zustimmen kann man auch Hirschfelds Einschätzung, der Bericht überwiege die Erzählung. Dies lässt sich mit Musils Wahl einer Hauptfigur erklären, von der es heißt: „Er saß oft lange – in finsterem Nachdenken – gleichsam über sich selbst gebeugt." (S. 18) Von einer beabsichtigten trockenen, zurückhaltenden Darstellungsweise zu sprechen, ist angesichts der unzähligen, üppig ausgestalteten Vergleiche überzogen. Über die Mängel in der Personenzeichnung und der Komposition lässt sich im Einzelnen streiten. Zum einen hat sie Musil selbst eingestanden. Zum anderen, und hierin ist dem Rezensenten zuzustimmen, macht nicht die ästhetische Gestaltung die Qualität des Romans aus, sondern sie ist in der Darstellung einer von allen Beteiligten bewusst erlebten, von Törleß zum Forschungsgegenstand erhobenen Perversion der Macht über Menschen zu deren sadistischer Ausbeutung begründet.

- Dass der Roman „unversehens und unbeabsichtigt zu einem Dokument der Zeit – wider die Zeit" (Z. 38 f.) geworden sei, ist eine hellsichtige Erkenntnis des Rezensenten. „Unversehens" deshalb, weil Musil nie den Anspruch erhoben hat, mit seinem Roman Zeitkritik zu intendieren. Vielmehr hat er sich dagegen gewehrt, den Erziehungsstil seiner Zeit an den Pranger gestellt zu haben. Dort, wo sein Angriff auf die Lehrer des Konvikts vom Erzähler pointiert vorgetragen wird (vgl. S. 161), ist die Zeitkritik am wenigsten überzeugend. Wirkungsvoller, weil ohne moralischen Kommentar, sind demgegenüber das unmittelbar geschilderte Geschehen in der roten Kammer und die Wiedergabe von Törleß' Erlebnisweise.

- Als ein Verdienst des Rezensenten kann es gelten, dass er trotz der Einordnung des Romans in die Tradition der Schulromane, trotz des hineingelesenen Gestus der Beichte und der gelegentlichen ästhetischen Schwächen die historische Bedeutsamkeit des *Törleß* erkannt hat.

3 Musils Ankündigung des Romans

Briefentwurf Musils an Stefanie Tyrka[1] vom 22. März 1905

In: Robert Musil: *Briefe 1901–1942.* Hrsg. von Adolf Frisé. Reinbek bei Hamburg: Rowohlt, 1981. S. 12–14.

Verehrte gnädige Frau.

Ja denken Sie nur: an meinem alten kleinen Schreibtisch sitze ich wieder, zur Linken das Fenster und die grauen Schieferdächer jenseits der Gärten. Immer die Dächer, die gleichen, immer mein müder Blick usw. Die alten Töne der sehnsüchtigen Leier des Heranreifenden werden wach. Doch nicht davon heute.

5 Ich muß an die Zukunft denken: Sie etwas fragen: Nämlich mein Roman. Sie gähnen? Ja, also, er ist fertig. Schon seit Wochen. Natürlich ist er schlecht. Er hat alle meine Untugenden und keinen meiner Vorzüge (an die ich halb und halb noch glaube). Er behandelt ein psychologisches Sujet: und genügt nicht einmal der einfachsten Psychologie. Sechzehnjährige Knaben reden darinnen wie

10 Bücher. Und da mir doch davor bange wurde, wie schlechtgeschriebene Bücher. Er sieht anfänglich aus, als wollte er einen etwas perversen Knaben seccieren[2], der von der aufdrängenden Pubertät zerrissen wurde. Wie gesagt anfänglich! Schickt man sich aber in Gottes Namen in das Sujet und gedenkt es zu tolerieren, wenn nur die Zeichnung geistreich ist: ja da zerfließt es auf einmal, zer-

15 flattert, verflaut.
Das gute, tolerante, literarische Publikum wird enttäuscht sein. Man wird sagen, es gebricht hier an der Fähigkeit, ein zwar gewagtes aber immerhin einiges versprechendes Thema auch durchzuführen.
Überdies wird man Dinge finden, „die doch gar nicht in einen Roman gehören".

20 Einen Exkurs über irrationale Zahlen u. dgl.[3]
Mit einem Wort: Dieser Roman, der sich nur an ein geistreiches Publikum wenden kann, wird gerade in den Augen dieses geistreichen Publikums verfehlt erscheinen.
Andere Leute hatten die Dummen gegen sich. Das ist ein Vergnügen. Geist-

25 reichen zu mißfallen ist mißlich, ja gefährlich. Denn geistreich sein ist schwer und ist man es einmal in irgend einer Weise, so ist man doppelt konservativ gegenüber neuartigen Zumutungen.
Was soll man nun tun, wenn man das gar nicht angestrebt hat, was man verfehlt zu haben scheint?

30 Die Zeichnung der Charaktere ist stilisiert, alles auf die kürzeste Linie zusammengefaßt, keine vollen Menschen dargestellt sondern jeweils nur deren Schwerlinie.

---

1 Stefanie Tyrka-Gebell (1854–1949) führte in Graz einen Salon, in dem sich Schriftsteller und Musiker trafen. Musil verkehrte dort zwischen 1902 und 1909.
2 Sezieren, zerschneiden, anatomisch zerlegen.
3 Und dergleichen.

Das würde noch gut zum „psychologischen Roman" stimmen. Gleich aber geht
es um einen Schritt weiter. Es findet sich keine reale Psychologie, wenigstens
35 ist sie ganz ohne Interesse, willkürlich, dilettantisch behandelt. Es finden sich
höchstens psychologische Elemente und diese werden nach Gutdünken kombiniert. Die psychologischen Schwerlinien gehören mehr oder minder konstruierten Figuren an. Nur[4] kam mir der Gedanke, ist dieser Mensch so auch möglich?
Im Gegenteil: ich frug, ist dieser Mensch konsequent? Und ist er es, so ist es mir
40 desto lieber, je unmöglicher er ist.

Reine Kombinatorik[5], sich verwirren durch unwirkliche Gestalten, deren innerer Konsequenz man sich aber doch nicht entziehen kann: Das schwebte mir zu
Zeiten als eine, phantastische (natürlich nur als eine neben anderen) Form des
Romans vor, als ein Genuß für Menschen mit intellektuellen Neigungen (und
45 andere zählen ja doch nicht) usw.

Daneben nun das doch wieder Realpsychologische (und doch auch wieder unge-
wohnt Psychologische) des Romans.

Eine Tatsache: Die Welt der Gefühle und die des Verstandes sind inkommen-
surabel[6]. Kronbeispiel: die Musik (Wie verkennend, Musik durch Worte und Ge-
50 danken verdeutlichen zu wollen!) Im Übrigen: alle Kunst. Erst wo wir vor einem
Bilde fühlen, daß wir das nicht ausdrücken u. nicht denken können, was wir
empfinden, fängt sie an. M. a. W.[7] Ich weiß, daß ich jetzt als der einzige Mensch
in diesem Saale das Bild erfasse und ich weiß nicht wie und womit. Ich kann
meinen Eindruck nur mit ganz uneigentlichen Worten mitteilen. Und doch
55 ist die Sicherheit des Erfassens ganz unbeschreiblich stark. Wieder m. a. W., es
ist, als ob ein Mensch in mir wäre, mit dem dieses Bild spricht, den es augenblicklich in seine Kreise zieht usw. und daß mein eigentlicher Mensch, als den
ich mich besitze, (und zu besitzen glauben wir uns eben nur, soweit wir uns
verständlich fassen können) gerade nur den Schatten davon erfaßte.
60 Das Ich wird förmlich zerspalten, es gewinnt einen doppelten Boden und durch
die trüben Gläser des ersten und bisher alleinigen sieht man geheimnisvolle
Bewegungen ohne sie sich deuten zu können.

Ich finde darin Tragik. Ich machte sie zum eigentlichen Vorwurf[8] meines Buches
und nannte es „Die Verwirrungen des Zöglings Törless".
65 Einen Roman nicht ganz gewöhnlicher Art – Mit Fehlern behaftet, aber einer
neuen Weise zu schreiben zustrebend – teilweise Fehler mit Absicht nicht ver-
meidend, als gegenüber dem Ziele belanglos.

4 Zu lesen: Nie.
5 Mathematisches Teilgebiet: Anordnungsmöglichkeit gegebener Dinge.
6 Nicht vergleichbar.
7 Mit anderen Worten.
8 Gemeint ist: zur eigentlichen Thematik.

Aufgabenstellung

1. Analysieren Sie Musils Briefentwurf. Gehen Sie dabei auch auf die rhetorische Struktur der Selbstdeutung ein.
2. Beurteilen Sie Musils Deutung des *Törleß* als psychologischen Roman und seine Befürchtung, das Publikum zu enttäuschen.

Zu 1: Analyse des Briefentwurfs

- Musil verfolgt in diesem Brief die Intention, die Romanrezeption einer künftigen Leserin im Sinne seiner eigenen Intention zu steuern. Da ihm offensichtlich an deren positiver Rezeption einiges liegt, gibt er ihr in rhetorisch kunstvoller, geistreicher und spielerischer Weise einen Einblick in den Produktionsprozess des Romans. Gleichzeitig kann der Brief auch als eine persönliche Auseinandersetzung mit einer möglichen Kritik der literarischen Öffentlichkeit gelesen werden, als eine Positionsbestimmung und Distanznahme zu seinem eigenen, soeben vollendeten literarischen Produkt. Es handelt sich dabei um einen Briefentwurf, der stilistisch noch nicht ausgefeilt ist.
- Einen ersten Abschnitt (Z. 1–10) beginnt Musil mit der Schilderung seiner persönlichen Schreibsituation und seiner eigenen Befindlichkeit. Mit Formulierungen wie: „Ja denken Sie nur" (Z. 1) oder: „Mein Roman … Sie gähnen? Ja, also, er ist fertig" (Z. 5 f.) spricht er die Adressatin unmittelbar an und nimmt Gesprächskontakt auf. Dies dient dazu, Stefanie Tyrka in die Schreibsituation einzubinden und einzustimmen. In wenigen, plakativ formulierten Sätzen überrascht er sodann mit vernichtenden Urteilen über seinen Roman im Sinne einer Einwandvorwegnahme. Die zunächst befremdliche Formulierung: „Natürlich ist er schlecht" (Z. 6) könnte durch das „Natürlich" ein Indikator dafür sein, dass Musil hier die Sichtweise der literarischen Öffentlichkeit übernimmt, von der er wohl befürchtet, dass sie seinen Roman missverstehen und verreißen könne. Zwei Mängel stellt er unverbunden in den Raum: Der Roman verarbeite eine psychologische Thematik, ohne ihr im Geringsten zu genügen. Die Sechzehnjährigen redeten darin wie Bücher, zudem noch wie „schlechtgeschriebene" (Z. 10) Bücher. Zusammen mit der Bemerkung, der Roman repräsentiere die Untugenden seines Autors und keine seiner Tugenden, übernimmt diese plakative Kritik die Funktion einer Captatio benevolentiae, hier einer Strategie, durch die Erniedrigung seiner selbst sich das Wohlwollen der Adressatin zu sichern.
- Der mehrmalige Verweis auf das literarische Publikum im zweiten, nun argumentativ aufgebauten Abschnitt (Z. 11–20) stützt die Beobachtung, dass Musil hier aus der Sicht potenzieller Leser argumentiert. Der Roman erwecke anfangs den Eindruck, es werde darin ein pubertätsgeschädigter, perverser Knabe „seziert" (vgl. Z. 11), was im Sinne Musils bedeutet, es werde sein Denken und Empfinden aufs Genaueste analysiert. Wenn sich dann der Leser schließlich mit dieser Thematik abgefunden habe, dann werde sie nicht mehr konsequent durchgehalten. Nachdruck verleiht Musil dieser Aussage durch die suggestive Reihung der lautlich miteinander verbundenen Trias der Verben „zerfließt", „zerflattert", „verflaut" (Z. 14 f.). Ausdrücklich wird nun mit einer Trias von schmückenden, nicht ohne Ironie gewählten Adjektiven das „gute, tolerante, literarische Publikum" (Z. 16) angesprochen,

was dem Autor unterstelle, es hätten ihm die gestalterischen Fähigkeiten gefehlt, dieses gewagte, aber einiges versprechende Thema auch zu Ende zu führen. Noch stärker nähert sich Musil der mutmaßlichen Kritik des Publikums an, wenn er zum Teil in direkter Rede den Einwand formuliert, Dinge wie ein Exkurs über irrationale Zahlen gehörten nicht in einen Roman. Die Wendung: „Mit einem Wort" (Z. 21) leitet die Zusammenfassung der bisherigen Argumentation im Stil eines Paradoxons, eines scheinbaren Widerspruchs ein: Ausschließlich an ein geistreiches Publikum wende sich der Roman, und gerade einem solchen Publikum müsse er als verfehlt erscheinen.

- Diese unlösbare Situation, diese Aporie, in die sich Musil hineingedacht hat, lässt er zunächst so stehen und nimmt, bevor er einen nächsten Argumentationsabschnitt beginnt (Z. 28–47), zu einer als Sentenz gestalteten Einsicht Zuflucht. Die Dummen gegen sich zu haben, sei ein Vergnügen. Den Geistreichen zu missfallen, und hier bedient sich Musil eines Wortspiels, sei „mißlich", ja sogar gefährlich. Da geistreich zu werden, ein mühseliger Prozess sei, verhielten sich die Geistreichen „doppelt konservativ" (Z. 26), wenn neue Ansprüche an sie gestellt würden. Mit der als allgemein anerkannte Erkenntnis formulierten Meinung, geistreiche Menschen beharrten auf ihren mühsam erworbenen Positionen, holt Musil überraschend zu einem Gegenschlag gegen das erwartete kritische Lesepublikum aus.

- Der dritte größere Argumentationsabschnitt wird durch die rhetorische Frage eingeleitet, was zu tun sei, wenn man das gar nicht angestrebt habe, was man angeblich verfehlt haben solle. Damit distanziert sich Musil von den im zweiten Abschnitt entfalteten mutmaßlichen Erwartungen des literarischen Publikums und entwickelt das in seinem Roman realisierte poetische Programm: Keine umfassende Ausgestaltung der Figuren, sondern Reduzierung der Charaktere auf ihre „Schwerlinie" (Z. 32), d. h. ihre Mittelachse. Keine „reale Psychologie" (Z. 34), keine streng wissenschaftliche Darstellung psychologischer Zusammenhänge, lediglich willkürliche, dilettantische Zusammenfügung psychologischer Elemente „nach Gutdünken" (Z. 36). Die Figuren eher konstruiert, nicht unter dem Aspekt der Möglichkeit, d. h. des Vorstellbaren, des Wirklichkeitsgetreuen einer solchen Figur, sondern im Hinblick auf deren Konsequenz. Dieses Konstruktionsprinzip verschärft Musil noch durch den Zusatz: Wenn die literarische Figur konsequent sei, dann sei es ihm „desto lieber, je unmöglicher" (Z. 40) sie sei. Auch hier wird der Gedanke durch das Wortspiel mit den in eine Opposition gesetzten Begriffen „möglich", „unmöglich" und „konsequent" pointiert. Als Form eines fantastischen Romans habe ihm eine „reine Kombinatorik" (Z. 41) als Genuss für Intellektuelle vorgeschwebt. Dieses Kombinationsspiel definiert Musil als ein Sich-Verwirren, und erneut greift er zu einem Wortspiel, „durch unwirkliche Gestalten, deren innerer Konsequenz man sich doch nicht entziehen kann." (Z. 41 f.)

- Mit der Formulierung „Eine Tatsache" (Z. 48) leitet Musil einen gedanklichen Sprung ein und beginnt einen neuen Argumentationsabschnitt. Als Tatsache, und damit unumstößlich, bezeichnet er die These, die Welt der Gefühle und die des Verstandes seien nicht vergleichbar, nicht in Einklang zu bringen. Als illustres Beispiel nennt er die Musik, die durch Worte und Gedanken nicht wiederzugeben sei. Die Kunst fange erst da an, wo wir die ausgelösten Empfindungen, wie stark sie auch immer seien, nicht oder allenfalls nur „mit ganz uneigentlichen Worten"

(Z. 54) ausdrücken könnten. Um diese Vorstellung zu veranschaulichen, bedient sich Musil eines Vergleichs: Es sei, als ob ein Mensch in ihm sei, der mit dem Kunstwerk kommuniziere, von dem er selbst aber nur den Schatten wahrnehmen könne. In einer zweiten bildhaften Vorstellung geht er von einem gespaltenen Ich aus, das wie durch ein trübes Glas in seinem Inneren „geheimnisvolle Bewegungen" (Z. 61 f.) in sich sieht, ohne dass diese sich ihm erschließen. Jetzt erst, nachdem Musil durch die mysteriösen Bekenntnisse genügend Spannung aufgebaut hat, formuliert er pointiert und lapidar die wichtigste Information des Briefes: Er finde darin Tragik, und die sei die eigentliche Thematik seines Romans, dessen Titel er nun enthüllt. Abschließend empfiehlt er sein Buch als einen ungewöhnlichen Roman neuen Stils. Fehler habe er bewusst nicht vermieden, wenn er dadurch ein höheres Ziel hätte anstreben können.

Zu 2: Beurteilung von Musils Deutungen

- Wenngleich Musil auch betont, dass sein Roman keine Psychologie in einem systematischen, wissenschaftlichen Sinne biete und psychologische Aspekte willkürlich behandelt und nach Gutdünken kombiniert seien, so billigt er dem *Törleß* doch grundsätzlich eine psychologische Thematik zu. Dies ist sicherlich gerechtfertigt und lässt sich mit Verweis auf einzelne Motivstränge belegen: Törleß' erotisch grundierte Mutterbindung, die zur Folge hat, dass er in seiner Fantasie dem Sexualleben seiner Eltern nachzuforschen versucht. Die Zerstörung seines Bildes von einer madonnenhaft reinen Mutter. Die Bewältigung seiner Mutterbindung durch die sexuelle Beziehung zu Basini. Die mit seinen Besuchen bei der Prostituierten Božena und mit der Homoerotik verbundenen Schuldgefühle. Die Zeichnung Reitings als machiavellistischen Machtmenschen, Beinebergs als mystisch verbrämten Sadisten, Basinis in seiner masochistischen Opferrolle. In diesem Kontext ist auch jene thematische Linie zu nennen, die Musil in seinem Brief als Zentrum bezeichnet: Die fehlende Verbindung zwischen der Welt der Gefühle, der Empfindungen, der Triebe und der Welt des Verstands, des Denkens und der Sprache.
- Offensichtlich vermag Musil das Verhalten des literarischen Publikums treffend zu antizipieren. In der Tat könnte eine Enttäuschung des Lesers dadurch entstehen, dass er, in Erwartung eines Pubertätsromans im verbreiteten Stil der Zeit und durch die Lektüre des *Törleß* in seiner Erwartung auch zunächst bestätigt, den weiteren Romanverlauf nicht offen genug wahrnehmen kann. Zunehmend verlagert sich die Thematik von der Pubertäts- und Internatsgeschichte zur Entfaltung jenes Wahrnehmungsproblems, das Musil als tragisch und den Roman bestimmend bezeichnet. Es ist dies zum einen das Erlebnis des mit dem Wechsel der Wirklichkeitsbereiche verbundenen Sprungs, zum andern die von Törleß immer wieder empfundene Unfähigkeit, Gefühlserlebnisse mit der Sprache festhalten zu können. Dass ein Leser, der sich bereits auf die skandalöse Internatsgeschichte eingestellt hat, Törleß in seinen Wahrnehmungsproblemen nicht mit der gleichen Aufmerksamkeit folgen will, ist nicht auszuschließen. Insofern ist Musils Skepsis berechtigt.

4 Musils Verständnis des Dichters

Robert Musil: *Skizze der Erkenntnis des Dichters* [1918; Auszug]

In: R. M.: *Gesammelte Werke*. Hrsg. von Adolf Frisé. Bd. 2: *Prosa und Stücke, Kleine Prosa, Aphorismen, Autobiographisches, Essays und Reden, Kritik*. Reinbek bei Hamburg: Rowohlt, 1978. S. 1025–1030.

Man versteht das Verständnis des Dichters zur Welt am besten, wenn man von seinem Gegenteil ausgeht: Das ist der Mensch mit dem festen Punkte a, der rationale Mensch auf ratioïdem[1] Gebiet. […] Dieses ratioïde Gebiet umfaßt – roh umgrenzt – alles wissenschaftlich Systematisierbare, in Gesetzen und Regeln
5 Zusammenfaßbare, vor allem also die physische Natur; die moralische aber nur in wenigen Ausnahmefällen des Gelingens. Es ist gekennzeichnet durch eine gewisse Monotonie der Tatsachen, durch das Vorwiegen der Wiederholung, durch eine relative Unabhängigkeit der Tatsachen voneinander, sodaß sie sich auch in schon früher ausgebildeten Gruppen von Gesetzen, Regeln und Begriffen ge-
10 wöhnlich einfügen, in welcher Reihenfolge immer sie entdeckt worden seien. Vor allen Dingen aber schon dadurch, daß sich die Tatsachen auf diesem Gebiet eindeutig beschreiben und vermitteln lassen. Eine Zahl, eine Helligkeit, Farbe, Gewicht, Geschwindigkeit, das sind Vorstellungen, deren subjektiver Anteil ihre objektive, universal übertragbare Bedeutung nicht mindert. […] Man kann
15 sagen, das ratioïde Gebiet ist beherrscht vom Begriff des Festen und der nicht in Betracht kommenden Abweichung; vom Begriff des Festen als einer *fictio cum fundamento in re*[2]. Zu unterst schwankt auch hier der Boden, die tiefsten Grundlagen der Mathematik sind logisch ungesichert, die Gesetze der Physik gelten nur angenähert, und die Gestirne bewegen sich in einem Koordinaten-
20 system, das nirgends einen Ort hat. Aber man hofft, – nicht ohne Grund – das alles noch in Ordnung zu bringen, und Archimedes, der vor mehr als 2000 Jahren gesagt hat „gebt mir *einen festen Punkt*, und ich hebe die Welt aus den Angeln", ist heute noch der Ausdruck für unser hoffnungsfreudiges Gehaben. […]
War das ratioïde Gebiet das der Herrschaft der „Regel mit Ausnahmen", so ist
25 das nicht-ratioïde Gebiet das der Herrschaft der Ausnahmen über die Regel. Vielleicht ist das nur ein gradueller Unterschied, aber jedenfalls ist er so polar, daß er eine vollkommene Umkehrung der Einstellung des Erkennenden verlangt. Die Tatsachen unterwerfen sich nicht auf diesem Gebiet, die Gesetze sind Siebe, die Geschehnisse wiederholen sich nicht, sondern sind unbeschränkt variabel
30 und individuell. Es gelingt mir nicht, dieses Gebiet besser zu kennzeichnen als darauf hinweisen, daß es das Gebiet der Reaktivität[3] des Individuums gegen die Welt und die anderen Individuen ist, das Gebiet der Werte und Bewertun-

---

1 Wörtlich: eine von Vernunft geprägte Form aufweisend.
2 Vorstellung mit Beweisgrund in der Sache.
3 Rückwirkung, Gegenwirkung.

gen, das der ethischen und ästhetischen Beziehungen, das Gebiet der Idee. Ein
Begriff, ein Urteil sind im hohen Grade unabhängig von der Art ihrer Anwen-
35   dung und von der Person; eine Idee ist in ihrer Bedeutung in hohem Grade von
beiden abhängig, sie hat immer eine nur occasionell[4] bestimmte Bedeutung und
erlischt, wenn man sie aus ihren Umständen loslöst. Ich greife eine beliebige
ethische Behauptung heraus: „es gibt keine Meinung, für die man sich opfern
und in die Versuchung des Todes begeben darf –" und jeder von den Spuren
40   ethischer Erlebnisse Beschlagene und Behauchte wird wissen, daß man ebenso
leicht das Gegenteil behaupten kann und daß es einer langen Abhandlung bedarf, bloß um zu zeigen, in welchem Sinn man es meint, bloß um Erfahrungen
in einer Wegweiserrichtung aneinanderzureihen, die dann doch irgendwo sich
unübersehbar verästelt, aber doch irgendwie ihren Zweck erfüllt hat. Auf die-
45   sem Gebiet ist das Verständnis jedes Urteils, der Sinn jedes Begriffs von einer
zarteren Erfahrungshülle umgeben als Äther, von einer persönlichen Willkür
und nach Sekunden wechselnden persönlichen Unwillkür. Die Tatsachen dieses
Gebiets und darum ihre Beziehungen sind unendlich und unberechenbar.
Dieses ist das Heimatgebiet des Dichters, das Herrschaftsgebiet seiner Vernunft.
50   Während sein Widerpart das Feste sucht und zufrieden ist, wenn er zu seiner Be-
rechnung so viel Gleichungen aufstellen kann, als er Unbekannte vorfindet, ist
hier von vornherein der Unbekannten, der Gleichungen und der Lösungsmög-
lichkeiten kein Ende. Die Aufgabe ist: immer neue Lösungen, Zusammenhänge,
Konstellationen, Variable zu entdecken, Prototypen von Geschehensabläufen
55   hinzustellen, lockende Vorbilder, wie man Mensch sein kann, den inneren Menschen *erfinden*.

Aufgabenstellung

1.   Stellen Sie den Argumentationsansatz und die Argumentationsstruktur des Textes
dar.
2.   Setzen Sie die zentralen Aussagen des Textes in eine Beziehung zu Musils *Törleß*,
und beurteilen Sie ihre Bedeutung für ein vertieftes Verständnis des Romans.

Zu 1: Argumentationsansatz und Argumentationsstruktur

•   Musil nimmt in diesem Text eine Positionsbestimmung des Dichters in seiner Welt
vor. Ansatzpunkt einer genaueren Verortung ist die an unterschiedlichen menschlichen Erfahrungs- und Denkweisen orientierte Einteilung der Welt in zwei Bereiche,
in ein „ratioïdes" und ein „nicht-ratioïdes" Gebiet. Die Domäne des Dichters ist nach
Musil das nicht-ratioïde Gebiet, das in einem polaren Gegensatz zum ratioïden Gebiet steht. Methodisch baut Musil seine Argumentation so auf, dass er zunächst das
für den Leser leichter verständliche Gebiet des Ratioïden durch einzelne Merkmale
bestimmt und eingrenzt, um anschließend, im Kontrast dazu, die komplexere Welt
des Nicht-Ratioïden zu entwerfen und den Dichter in dieser Welt zu verorten.

4 Gelegentlich.

- Als Einstieg in eine differenziertere Bestimmung des ratioïden Gebiets definiert Musil diesen Lebensbereich als die „physische Natur" (Z. 5), die alles das umfasst, was wissenschaftlich systematisierbar, also in Gesetzen und Regeln zusammenfassbar ist. Es ist dies die Welt der Tatsachen, die monoton, sich wiederholend und voneinander unabhängig sind. Aufgrund dieser Eigenschaften lassen sie sich in schon bestehende „Gesetze", „Regeln", „Begriffe" (vgl. Z. 9) einordnen.
- Als besonderes Merkmal dieser Tatsachen hebt Musil hervor, dass sie sich „eindeutig beschreiben und vermitteln lassen" (Z. 12). Als Beweis für diese These führt er äußere Klassifizierungsmerkmale an (Zahl, Helligkeit, Farbe, Gewicht, Geschwindigkeit), bei denen subjektive Divergenzen ihre objektive Einschätzbarkeit nicht beeinträchtigen.
- Die Einzelmerkmale zusammenfassend, charakterisiert Musil das ratioïde Gebiet als vom „Begriff des Festen" (Z. 15) beherrscht, der für ihn eine durch Sachargumente gestützte Vorstellung ist. Dem gegenüber wendet er allerdings ein, dass auch Axiome der Mathematik und Physik nicht immer gesichert seien, und zitiert Archimedes als auch heute noch gültigen „Ausdruck für unser hoffnungsfreudiges Gehaben." (Z. 23)
- Aufgrund seines gewählten Argumentationsansatzes kann Musil nun den Bereich des Nicht-Ratioïden ex negativo als das Gebiet bestimmen, in dem nicht die Regel mit Ausnahmen, sondern die Ausnahme die Regel dominiert. Dies verlange eine „vollkommene Umkehrung der Einstellung des Erkennenden" (Z. 27) Die Tatsachen „unterwerfen" (Z. 28) sich nicht, d. h. sie lassen sich nicht in Gesetze, Regeln und Begriffe einfügen. Gesetze sind „Siebe" (ebd.), d. h. sie bestehen lediglich aus Netzen und Löchern, das Geschehen ist „unbeschränkt variabel und individuell" (Z. 29 f.).
- In einem zweiten Argumentationsschritt grenzt Musil das Nicht-Ratioïde auf den Bereich der individuellen Gegenreaktion auf die Welt ein, worunter er die „Werte und Bewertungen", die „ethischen und ästhetischen Beziehungen" und die „Idee" (Z. 32 f.) subsumiert. Im Gegensatz zu Begriffen und Urteilen sieht Musil die Idee als in hohem Grade abhängig von der Art ihrer Anwendung und von der jeweiligen Person. Ihre Bedeutung sei an die jeweilige Situation gebunden, sie „erlischt, wenn man sie aus ihren Umständen loslöst" (Z. 37).
- Um dies zu illustrieren, formuliert Musil eine ethische Behauptung, die jederzeit in ihr Gegenteil verkehrt werden könne. Es bedürfe nämlich einer „langen Abhandlung" (Z. 41), um die von eigener Erfahrung geprägte Sinngebung in ihren Verästelungen darzustellen. Jedes Urteil, jeder Begriff sei in diesem Bereich von einer „zarteren Erfahrungshülle umgeben als Äther" (Z. 46), unterliege persönlicher Willkür. Im Kontrast zum anfangs eingegrenzten ratioïden Gebiet beschreibt er hier die Tatsachen und ihre Beziehungen als „unendlich und unberechenbar" (Z. 48).
- Schließlich bezeichnet er das Nicht-Ratioïde als die Welt des Dichters, das „Herrschaftsgebiet seiner Vernunft" (Z. 49). In einem mathematischen Bild ausgedrückt, ist dies das Gebiet der unendlich vielen Gleichungen mit unendlich vielen Unbekannten und Lösungen. Die Aufgabe des Dichters sieht Musil darin, immer neue Lösungen zu finden, Geschehensabläufe prototypisch zu entwerfen, menschliche Vorbilder zu entwickeln, den inneren Menschen zu „erfinden" (Z. 56). Durch die Kursive verleiht Musil dem Erfinden einen Nachdruck: Es gilt, den Menschen in seiner inneren Befindlichkeit neu zu entdecken.

Zu 2: Beziehung zum *Törleß* und Beurteilung der Bedeutung des Textes

- In diesem Text hat Musil Gedanken formuliert, die in ähnlicher Weise auch den *Törleß* dominieren. Während im *Törleß* die polare Spannung zwischen den beiden Wirklichkeitsbereichen jedoch noch poetischer, bildhafter und weniger konsequent gestaltet ist, hat Musil dieses Wirklichkeitskonzept, 13 Jahre nach Abschluss seines Romans, gedanklich stringenter, begrifflich präziser und konzentrierter formuliert. Zahlreiche Parallelen verweisen auf eine erstaunliche Kontinuität in Musils Denken.

- Die im vorliegenden Text theoretisch entfaltete Trennung der Lebenswelt in einen ratioïden und einen nicht-ratioïden Bereich ist im *Törleß* eine zentrale Thematik und Anlass für die Verwirrungen des Protagonisten. Bereits durch die ihn verfolgende Kindheitserfahrung der Einsamkeit in einem dunklen Wald ist Törleß sensibilisiert für den Wechsel unterschiedlicher Wirklichkeitsbereiche. Er fühlt sich zwischen zwei Welten, der geregelt-bürgerlichen, vernünftigen Welt seines Elternhauses und der abenteuerlichen, von ungeahnten Überraschungen geprägten Welt der Božena, der roten Kammer und der Nähe zu Basini. Aus der Erfahrung heraus, sich die Erlebnisweise in dem neuen, für ihn „dunklen" Wirklichkeitsbereich noch nicht erklären zu können und über keine situativ angemessenen Verhaltensweisen zu verfügen, resultiert seine Verwirrung. Verstärkt wird sie dadurch, dass Törleß auf seine Verstöße gegen die Konventionen der bisher als selbstverständlich erlebten Welt mit Schuldgefühlen reagiert. Die von ihm entwickelten Vorstellungen, über einen Sinn mehr zu verfügen als seine Kameraden oder für mystisches Erleben prädestiniert zu sein, erhöhen seine Unruhe und Verstörung.

- Viele der von Musil aufgezählten Merkmale des nicht-ratioïden Gebiets charakterisieren auch Törleß' andere, von mystischer Aura umgebene Welt: die eingeschränkte Gültigkeit von Gesetzen, die Einmaligkeit und Individualität der Geschehnisse. Dass Musil eindringlich darauf verweist, dass sich die Tatsachen des ratioïden Gebiets „eindeutig beschreiben und vermitteln lassen" (Z. 12), deutet darauf hin, dass dies im nicht-ratioïden Gebiet nicht der Fall ist – eine Erkenntnis, die Törleß zuletzt noch beim Verfassen seines Essays über die Natur des Menschen schmerzhaft gewinnen muss.

- Wenn Musil im vorliegenden Text betont, dass eine Idee immer nur in einer besonderen Situation von Bedeutung sei und erlösche, wenn sie aus ihren Umständen herausgelöst werde, so findet sich dazu eine gedankliche Entsprechung in Törleß' Rede vor der Kommission der Lehrer. Dort entfaltet Törleß die Vorstellung, man könne eine geniale Erkenntnis haben, die dennoch unter den Händen verblühe. Ein Gedanke werde nicht nur durch das Denken lebendig, es müsse vielmehr das ihm entsprechende Gefühl hinzukommen (vgl. S. 194). Mit dem Herauslösen aus der Situation geht ein Verlust von gefühlsmäßiger Unmittelbarkeit einher: Was Törleß seinen Lehrern in poetischen Bildern vorträgt („Eine große Erkenntnis vollzieht sich nur zur Hälfte im Lichtkreis des Gehirns, zur anderen Hälfte in dem dunklen Boden des Innersten, und sie ist vor allem ein Seelenzustand, auf dessen äußerster Spitze der Gedanke wie eine Blüte sitzt", S. 194 f.), bringt Musil hier in das umfassendere Konzept einer Positionsbestimmung des Dichters.

- Dass auch in den so eindeutig dem ratioïden Bereich zuzuordnenden Wissenschafts-
  gebieten der Mathematik und Physik „zu unterst" (Z. 17) der Boden schwanke
  und die Grundlagen logisch ungesichert seien, verweist unmittelbar auf Törleß'
  Problem mit den imaginären Zahlen, dem Begriff des Unendlichen, den Parallelen,
  die sich im Unendlichen schneiden. Hier zeigt sich Törleß' geschärfter Verstand,
  der sich auch im ratioïden Bereich sicher zu bewegen weiß und Probleme sieht,
  die sein Mathematiklehrer offensichtlich nicht an sich heranlassen will.
- Deutlich wird aus diesen unterschiedlichen Berührungspunkten, dass Musil bereits
  im *Törleß* Gedanken poetisch gestaltet hat, die ihn auch über ein Jahrzehnt später
  noch beschäftigen. Daraus lässt sich erkennen, wie nahe Törleß' Gedankenwelt
  ihrem Autor Musil steht. Die Bedeutung seines späteren Textes für die Deutung des
  Romans liegt weiterhin darin, dass er durch seine systematische Argumentation
  eine Folie abgibt, vor der sich Interpretationen des Romangeschehens überprüfen
  und präzisieren lassen. So stützt dieser Text die Deutung, dass der zentrale Aspekt
  der Verwirrungen des jungen Törleß in seiner durch das unvermittelte Eintauchen
  ins nicht-ratioïde Lebensgebiet bedingten Desorientierung zu sehen ist. Demgegenüber wären dann die sadomasochistischen Spiele auf dem Dachboden und
  die Homosexualität eher der Pubertäts- und Internatsgeschichte zuzuordnen, wenn
  auch Törleß' Anfälligkeit für sadistische Machtübergriffe durch seine emotionalen
  wie intellektuellen Verwirrungen mitbedingt ist. Törleß' mystische Erfahrungen
  wären dann als noch nicht begrifflich fixierte Erlebnisweisen des Ästhetischen, als
  Signal einer außergewöhnlichen Sensibilität für ganzheitliche, assoziative Wahr-
  nehmungszustände zu deuten. Seine spätere Entwicklung zu einem „einseitig schöngeistig zugeschärften" Menschen (vgl. S. 159) lässt sich als konsequente Weiterent-
  wicklung seiner früheren Auseinandersetzung mit dem Nicht-Ratioïden bewerten.

5 Sprachskepsis zur Zeit der Jahrhundertwende

Hugo von Hofmannsthal: *Ein Brief* [Auszug]

In: H. v. H.: *Sämtliche Werke*. Kritische Ausgabe. Bd. 31. Frankfurt am Main: Fischer, S. 45–55.

Dies ist der Brief, den Philipp Lord Chandos[1], jüngerer Sohn des Earl of Bath, an Francis Bacon[2], später Lord Verulam und Viscount St. Albans, schrieb, um sich bei diesem Freunde wegen des gänzlichen Verzichtes auf literarische Betätigung zu entschuldigen. [...]

5 Zuerst wurde es mir allmählich unmöglich, ein höheres oder allgemeineres Thema zu besprechen und dabei jene Worte in den Mund zu nehmen, deren sich doch alle Menschen ohne Bedenken geläufig zu bedienen pflegen. Ich empfand ein unerklärliches Unbehagen, die Worte „Geist", „Seele" oder „Körper" nur auszusprechen. Ich fand es innerlich unmöglich, über die Angelegenheiten

10 des Hofes, die Vorkommnisse im Parlament oder was Sie sonst wollen, ein Urteil herauszubringen. Und dies nicht etwa aus Rücksichten irgendwelcher Art, denn Sie kennen meinen bis zur Leichtfertigkeit gehenden Freimut: sondern die abstrakten Worte, deren sich doch die Zunge naturgemäß bedienen muß, um irgendwelches Urteil an den Tag zu geben, zerfielen mir im Munde wie modrige

15 Pilze. Es begegnete mir, daß ich meiner vierjährigen Tochter Katharina Pompilia eine kindische Lüge, deren sie sich schuldig gemacht hatte, verweisen und sie auf die Notwendigkeit, immer wahr zu sein, hinführen wollte, und dabei die mir im Munde zuströmenden Begriffe plötzlich eine solche schillernde Färbung annahmen und so ineinander überflossen, daß ich den Satz, so gut es ging, zu

20 Ende haspelnd, so wie wenn mir unwohl geworden wäre und auch tatsächlich bleich im Gesicht und mit einem heftigen Druck auf der Stirn, das Kind allein ließ, die Tür hinter mir zuschlug und mich erst zu Pferde, auf der einsamen Hutweide einen guten Galopp nehmend, wieder einigermaßen herstellte. Allmählich aber breitete sich diese Anfechtung aus wie ein um sich fressender

25 Rost. Es wurden mir auch im familiären und hausbackenen Gespräch alle die Urteile, die leichthin und mit schlafwandelnder Sicherheit abgegeben zu werden pflegen, so bedenklich, daß ich aufhören mußte, an solchen Gesprächen irgend teilzunehmen. Mit einem unerklärlichen Zorn, den ich nur mit Mühe notdürftig verbarg, erfüllte es mich, dergleichen zu hören, wie: diese Sache ist für den oder

30 jenen gut oder schlecht ausgegangen; Sheriff N. ist ein böser, Prediger; T. ein guter Mensch; Pächter M. ist zu bedauern, seine Söhne sind Verschwender; ein anderer ist zu beneiden, weil seine Töchter haushälterisch sind; eine Familie kommt in die Höhe, eine andere ist im Hinabsinken. Dies alles erschien mir so

---

1 Fiktive Person. Der Brief ist datiert auf den 22. August 1603.
2 Englischer Philosoph, Begründer der modernen Wissenschaften (1561–1626). Seine Schriften zeichnen sich durch bildhafte, klare Sprache aus.

unbeweisbar, so lügenhaft, so löcherig wie nur möglich. Mein Geist zwang mich,
35   alle Dinge, die in einem solchen Gespräch vorkamen, in einer unheimlichen
Nähe zu sehen: so wie ich einmal in einem Vergrößerungsglas ein Stück von der
Haut meines kleinen Fingers gesehen hatte, das einem Blachfeld[3] mit Furchen
und Höhlen glich, so ging es mir nun mit den Menschen und ihren Handlungen.
Es gelang mir nicht mehr, sie mit dem vereinfachenden Blick der Gewohnheit
40   zu erfassen. Es zerfiel mir alles in Teile, die Teile wieder in Teile, und nichts
mehr ließ sich mit einem Begriff umspannen. Die einzelnen Worte schwammen
um mich; sie gerannen zu Augen, die mich anstarrten und in die ich wieder
hineinstarren muß: Wirbel sind sie, in die hinabzusehen mich schwindelt, die
sich unaufhaltsam drehen und durch die hindurch man ins Leere kommt. [...]
45   Seither führe ich ein Dasein, das Sie, fürchte ich, kaum begreifen können,
so geistlos, so gedankenlos fließt es dahin; ein Dasein, das sich freilich von dem
meiner Nachbarn, meiner Verwandten und der meisten landbesitzenden Edel-
leute dieses Königreiches kaum unterscheidet und das nicht ganz ohne freudige
und belebende Augenblicke ist. Es wird mir nicht leicht, Ihnen anzudeuten,
50   worin diese guten Augenblicke bestehen; die Worte lassen mich wiederum im
Stich. Denn es ist ja etwas völlig Unbenanntes und auch wohl kaum Benenn-
bares, das, in solchen Augenblicken, irgendeine Erscheinung meiner alltäglichen
Umgebung mit einer überschwellenden Flut höheren Lebens wie ein Gefäß er-
füllend, mir sich ankündet. Ich kann nicht erwarten, daß Sie mich ohne Beispiel
55   verstehen, und ich muß Sie um Nachsicht für die Albernheit meiner Beispiele
bitten. Eine Gießkanne, eine auf dem Felde verlassene Egge, ein Hund in der
Sonne, ein ärmlicher Kirchhof, ein Krüppel, ein kleines Bauernhaus, alles dies
kann das Gefäß meiner Offenbarung werden. Jeder dieser Gegenstände und die
tausend anderen ähnlichen, über die sonst ein Auge mit selbstverständlicher
60   Gleichgültigkeit hinweggleitet, kann für mich plötzlich in irgend einem Moment,
den herbeizuführen auf keine Weise in meiner Gewalt steht, ein erhabenes und
rührendes Gepräge annehmen, das auszudrücken mir alle Worte zu arm scheinen. Ja, es kann auch die bestimmte Vorstellung eines abwesenden Gegenstan-
des sein, dem die unbegreifliche Auserwählung zuteil wird, mit jener sanft und
65   jäh steigenden Flut göttlichen Gefühles bis an den Rand gefüllt zu werden. [...]
Es ist mir dann, als bestünde mein Körper aus lauter Chiffren, die mir alles auf-
schließen. Oder als könnten wir in ein neues, ahnungsvolles Verhältnis zum
ganzen Dasein treten, wenn wir anfingen, mit dem Herzen zu denken. Fällt aber
diese sonderbare Bezauberung von mir ab, so weiß ich nichts darüber auszu-
70   sagen; ich könnte dann ebenso wenig in vernünftigen Worten darstellen, worin
diese mich und die ganze Welt durchwebende Harmonie bestanden und wie
sie sich mir fühlbar gemacht habe, als ich ein Genaueres über die inneren Bewegungen meiner Eingeweide oder die Stauungen meines Blutes anzugeben
vermöchte.

3 Flaches Feld, Schlachtfeld.

Aufgabenstellung

1. Analysieren Sie den Text.
2. Verfassen Sie einen Brief an Hugo von Hofmannsthal, in dem Musil darstellt, in welcher Weise seine Romanfigur Törleß ähnliche Zustände der Sprachskepsis durchlebt.

Zu 1: Analyse des Textes

- In bewusst archaisierender, nach älteren Vorbildern gestalteter Sprache schildert Hofmannsthal in der Rolle des Lord Chandos einen Prozess der Entfremdung von bisherigen Formen des Sprachgebrauchs. Die Dynamik dieses Vorgangs wird in einzelnen Stufen detailliert entfaltet und ist durch die den jeweiligen Abschnitt einleitenden Partikeln „zuerst" (Z. 5), „allmählich" (Z. 24), „seither" (Z. 45) und die Wendung „Es ist mir dann" (Z. 66) deutlich markiert.

- Den Beginn seiner Unsicherheit im Umgang mit der Sprache sieht Chandos in seiner zunehmenden Unfähigkeit, sich über höhere oder allgemeinere Themen zu verständigen. Er spüre bei der Verwendung abstrakter oder weiter gefasster Begriffe ein körperliches Unbehagen. Dies betrifft vor allem Urteile, Bewertungen, bei deren Formulierung ihm die Begriffe im Mund zerfallen „wie modrige Pilze" (Z. 14 f.). Solche Empfindungen quälten ihn nicht nur in Gesprächen über politische oder diplomatische Angelegenheiten, sondern auch beim Aussprechen einfacher ethischer Werturteile im Familienkreis. Chandos verdeutlicht diese Empfindungen am Beispiel einer Situation, in der er seine Tochter wegen einer kindischen Lüge zurechtweisen möchte: Die Begriffe wären verwirrend und verschwommen geworden, so dass er den begonnenen Satz überstürzt beendet hätte. Die körperlichen Symptome, die Chandos schildert, lassen auf Erregung, Entsetzen und inneren Druck schließen.

- Das gestörte Verhältnis zur Sprache weitet sich zunehmend aus, und Wertungen, die im Alltag wie selbstverständlich ausgesprochen werden, empfindet er als fragwürdig. Selbst sie hören zu müssen, macht ihn zornig. Ein Verlust der Distanz zu Dingen und Menschen stellt sich ein. Er verfügt nicht mehr über den „vereinfachenden Blick der Gewohnheit" (vgl. Z. 39), vielmehr zerfällt alles in kleinste Einzelteile und lässt sich nicht mehr begrifflich umfassen. Chandos fühlt sich durch die Worte fixiert, die für ihn zu Augen „gerinnen" (vgl. Z. 42), in die er hineinstarren muss. Sie werden zu Wirbeln, in die hineinzusehen Schwindel verursacht.

- Chandos zieht aus diesen Erfahrungen die Konsequenz, sich aus seinem intellektuellen Leben zurückzuziehen und wie die benachbarten Gutsbesitzer ein Landleben zu führen. Dennoch erlebe er freudige und belebende Augenblicke: Einfache Alltagsgegenstände könnten für ihn eine Offenbarung sein, „ein erhabenes und rührendes Gepräge annehmen" (Z. 61 f.), das sich in Worten nicht ausdrücken lasse. Auch nur imaginierte Gegenstände könnten mit einer überwältigenden Flut „göttlichen Gefühles" (Z. 65) angefüllt werden.

- In solchen Situationen spüre er in seinem Körper Chiffren, die ihm das ganze Dasein erschließen könnten. Zu ihm in ein ahnungsvolles Verhältnis treten könnten wir dann – und hier wechselt Chandos vom „ich" zum „wir" –, wenn wir anfingen, mit dem Herzen zu denken. Schwinde jener Zustand der „Bezauberung" (Z. 69), ließe sich die gefühlte Harmonie mit der Welt nicht mehr bewusst machen und nicht in Worte fassen.

- Zu lesen ist Hofmannsthals *Brief* im Kontext seiner Epoche des Umbruchs von 19. zum 20. Jahrhundert: Traditionelle Wertbegriffe werden fragwürdig, von Umwertung der Werte, von einem Wertewandel ist die Rede. Angesichts der wissenschaftlichen und technischen Fortschritte entwickelt sich ein neues Weltverständnis. Die ererbte Sprache des vergangenen Jahrhunderts wird unter dem Aspekt befragt, was sie bei der Beschreibung moderner Denk- und Lebensformen zu leisten vermag. So lässt Hofmannsthal die Sprachkrise der fiktiven Figur des Lord Chandos zunächst mit einer Skepsis gegenüber abstrakten Begriffen beginnen und deutet dies als einen Verlust der Unmittelbarkeit. Hinzu kommt eine Verunsicherung des Urteilens in ethischen Fragen, die sich zunehmend auf den privaten Alltagsbereich ausdehnt. Chandos kann diese Krise nicht anders lösen, als durch einen Rückzug aus seinem bisherigen literarischen und intellektuellen Leben in den Bereich mystischer Meditation. Weitgehend unter Ausschaltung seines begrifflichen Denkens unternimmt er es, einen unmittelbaren Kontakt seines Körpers mit dem Universum, ein intuitives, ganzheitliches, sprachlich nicht mehr vermitteltes und vermittelbares Erleben herzustellen.

- Es ist eine nicht auflösbare Paradoxie, dass dieser Brief des Lord Chandos über denVerfall seines Sprachvermögens in eine kunstvolle, in sich stimmige und ausgewogene sprachliche Form gefasst ist. Der Sprachfluss ist ruhig, auch längere hypotaktische Satzfügungen sind überschaubar und ausgewogen. Gelegentliche Rhythmisierungen verstärken die Eindringlichkeit des Gesagten. Archaisierende Formulierungen wie „um irgendwelches Urteil an den Tag zu legen" (Z. 13 f.), „das auszudrücken mir alle Worte zu arm scheinen" (Z. 62 f.) oder „ein erhabenes und rührendes Gepräge" (Z. 61 f.) verleihen dem Stil mehr Authentizität. Auffallend sind die wenigen, aber umso eindrucksvolleren Vergleiche: „Wie modrige Pilze" (Z. 14 f.) zerfallen die Worte im Munde, die Verunsicherung breitet sich aus „wie ein um sich fressender Rost" (Z. 24 f.), Chandos' Finger erscheinen ihm unter dem Vergrößerungsglas wie ein „Blachfeld mit Furchen und Höhlen" (Z. 37 f.), alles Vergleiche aus dem Bildbereich des Zerfalls und der Zerstörung. Synästhetische Formulierungen, Personalisierungen und Metaphern durchziehen den Text, die meist den Zustand der sprachlichen Verwirrung oder der mystischen Erfahrung umschreiben: Begriffe nehmen eine „schillernde Färbung" an und fließen ineinander über (vgl. Z. 18 f.), Worte schwimmen um ihn und gerinnen zu Augen (vgl. Z. 41 f.), von „einer überschwellenden Flut höheren Lebens" (Z. 53) ist die Rede, von einem „Gefäß meiner Offenbarung" (Z. 58), von einer „jäh steigenden Flut göttlichen Gefühles" (Z. 65), von einer die „ganze Welt durchwebenden Harmonie" (vgl. Z. 71). Wenn auch Chandos anlässlich der Schilderung seines meditativen Lebens bekennt: „die Worte lassen mich wiederum im Stich" (Z. 50 f.), so ist dies allenfalls als ein Topos der Bescheidenheit zu deuten.

Zu 2: Brief Musils an Hugo von Hofmannsthal

Ein solcher Brief Musils an Hugo von Hofmannsthal, durchaus plausibel im Jahre 1905, kurz nach Beendigung der Niederschrift des *Törleß*, könnte folgende Aspekte beinhalten:

- Feststellung der gedanklichen Nähe seines soeben fertiggestellten Romans zu Hofmannsthals gerade erschienenem *Brief*: Auch Törleß, die Hauptfigur seines Romans erlebe eine zunehmende Verunsicherung im Umgang mit der Sprache. Das Schlüsselereignis sei sein Erlebnis des Unendlichen beim plötzlichen Erblicken des Himmels zwischen den Wolken. Das Versagen der Sprache sei Törleß gleichermaßen bei der Formulierung des abstrakten Begriffs der Unendlichkeit in aller Deutlichkeit bewusst geworden. Ihm habe dieses Wort plötzlich nichts mehr gesagt, nur eine ganz gleichgültige Seite des Begriffs wiedergegeben. Eindrucksvoll habe Hofmannsthal diese Empfindung mit dem Bild der „modrigen Pilze" auf der Zunge wiedergegeben. Gut nachvollziehbar seien für ihn Lord Chandos' Körpersymptome. Auch Törleß habe sich von seinen Sprachproblemen beunruhigt und bedroht gefühlt. Er hätte von dem Begriff der Unendlichkeit sogar etwas Vernichtendes ausgehen gespürt, was zu seiner Verwirrung einiges beigetragen habe. Erst wenn sich die Worte von ihrem Gegenstand losgerissen hätten, sei deren eigentliche Gestalt schimmernd zum Vorschein gekommen. Chandos' Erfahrung, in den einfachen Dingen eine Offenbarung Gottes zu sehen, hätte Törleß allerdings nicht gemacht, da aufgrund seines liberalen Elternhauses Gott in seinem Denken keine Rolle spiele.
- Die offensichtlich mystischen Zustände, in die Chandos verfalle, habe auch Törleß erlebt, und es sei ihm, ganz wie Hofmannsthal es beschreibe, ebenfalls nicht möglich, mystische Erlebnisse in Worte zu fassen. Deswegen gefalle ihm, Musil, Hofmannsthals Wendung „mit dem Herzen denken" sehr gut. Da Törleß als Sechzehnjähriger noch zu wenig Distanz zu sich selbst und zu wenig Kenntnisse über seine eigene Erlebnisweise habe, könne er solche Zustände jedoch nicht positiv als „Bezauberung" erleben. So hätten ihn die mystischen Erfahrungen eher verwirrt und gequält.
- Anders als Lord Chandos habe Törleß allerdings nicht den Rückzug auf ein einfaches Leben angetreten. Gereift durch eine homosexuelle Beziehung, von der er sich schließlich gelöst habe, hätte er erkannt, dass Gedanken erst dann lebendig würden, wenn die entsprechenden Gefühle hinzuträten. So habe er, Musil, Törleß in einem kurzen Ausblick auf seine Zukunft zu einem schöngeistigen Menschen reifen lassen, der seine Sensibilität kultiviere und produktiv umsetze. Dennoch sei erstaunlich, wie auch im Detail Merkmale des Erlebens bei Chandos wie bei Törleß übereinstimmten. So kenne auch Törleß das Fixiert-Werden durch ihn anstarrende Augen, seien auch bei ihm mystische Visionen oft von schwindelerregenden, bedrohlichen Wirbeln begleitet.

6 Musils Diskurs mit Maeterlinck

Maurice Maeterlinck: *Das Schweigen* [Auszug]

In: M. M.: *Der Schatz der Armen*. Jena: Eugen Diederichs, 1906. S. 1–11.

Silence and secrecy![1] ruft Carlyle[2] aus, ihnen müsste man Altäre allgemeiner
Anbetung errichten, – wenn man in unserer Zeit überhaupt noch Altäre errich-
tete. Das Schweigen ist das Element, in dem sich die großen Dinge bilden, um
zuletzt vollkommen und majestätisch emporzutauchen an das Licht des Lebens,

5 das sie beherrschen sollen. Nicht nur Wilhelm der Schweigsame[3], nein, alle
bedeutenden Menschen, die ich kenne, und auch die schlechtesten Diplomaten
und Strategen unter ihnen, enthielten sich stets des Schwatzens über Das, was
sie planten und schufen. Und auch Du, versuche doch in Deinen armen, kleinen
Nöten nur einen Tag, Deine Zunge still zu halten, – und wie viel klarer

10 werden Dir am nächsten Tage Deine Pläne und Pflichten sein! Welche Trümmer
und welchen Unflat haben doch diese stummen Arbeiter in Dir weggefegt, während der unnütze Lärm der Außenwelt nicht mehr eindrang! Das Wort ist nur zu
oft, nicht wie der Franzose sagt, die Kunst, die Gedanken zu verbergen, sondern
die Kunst, sie aufzuheben und zu ersticken, so dass gar nichts zu verbergen

15 bleibt. Auch das Wort ist groß, aber das sagt nicht, dass es nichts Größeres gäbe.
Wie die Schweizer Inschrift es bestätigt, ist Reden Silber, aber Schweigen
Gold,[4] oder besser gesagt: das Wort gehört der Zeit, das Schweigen der Ewigkeit
an. „Die Bienen arbeiten nur in der Dunkelheit, der Gedanke arbeitet nur in der
Stille und die Tugend im Verborgenen" …

20 Man glaube nur ja nicht, dass Worte den wirklichen Mitteilungen zwischen zwei
Wesen dienten. Die Lippen oder die Zunge können die Seele nur darstellen, wie
z. B. eine Ziffer oder eine Katalognummer ein Bild von Memling[5] darstellt;
aber sobald wir uns wirklich etwas zu sagen haben, müssen wir schweigen; und wenn wir in solchen Augenblicken den unsichtbaren und dringenden

25 Geboten des Schweigens widerstehen, so haben wir einen ewigen Verlust erlit-
ten, den die größten Schätze menschlicher Weisheit uns nie werden ersetzen können, denn wir haben die Gelegenheit versäumt, einer anderen Seele zu lauschen
und der unseren einen Augenblick des Lebens zu schenken, und es giebt manch
ein Dasein, wo solche Gelegenheiten sich nicht zweimal bieten … Wir sprechen

---

1 Stille und Verschwiegenheit.
2 Thomas Carlyle (1795–1881), einflussreicher schottischer Essayist und Historiker.
3 Wilhelm von Oranien (1533–84) wurde „der Schweigsame" genannt, weil er, obwohl
   redegewandt, nie ein Wort zu viel sagte.
4 Altes Sprichwort, möglicherweise aus dem Orient. Von Herder 1792 ins Deutsche
   eingeführt: „Lerne schweigen, o Freund. Dem Silber gleichet die Rede, aber zu rechter
   Zeit schweigen ist lauteres Gold."
5 Hans Memling (1433–94), deutscher Maler der niederländischen Schule. Religiöse
   Werke und Portraits.

30 nur in den Stunden, wo wir nicht leben, in den Augenblicken, wo wir unsere
Brüder nicht bemerken wollen und uns weit entfernt von der Wirklichkeit fühlen. Und sobald wir sprechen, sagt uns etwas in unserm Innern, dass
göttliche Türen sich irgendwo schließen. Darum geizen wir auch so mit dem
Schweigen, und selbst die Unbedachtesten unter uns schweigen nicht mit dem

35 ersten Besten. Der Instinkt der übermenschlichen Wahrheiten, den wir alle
haben, bedeutet uns, dass es gefährlich ist, mit jemand zu schweigen, den man
nicht kennen zu lernen wünscht oder den man nicht liebt; denn die Worte gehen
zwischen den Menschen vorüber, aber wenn das Schweigen nur einen Augenblick Gelegenheit gehabt hat, sich zu betätigen, dann ist es unauslöschlich,

40 und das wahre Leben, das einzige, das eine Spur zurücklässt, besteht nur aus
Schweigen. Gedenkt daran in jenem Schweigen, zu dem auch Ihr Eure Zuflucht
nehmen müsst, um es aus sich selbst heraus zu erklären; und wenn es Euch
gegeben ist, einen Augenblick bis in die Tiefen der Seele hinabzusteigen, wo die
Engel wohnen, so werdet Ihr Euch bei einem Wesen, das Ihr innig liebt, in

45 erster Linie nicht der Worte erinnern, die es gesprochen, noch der Gebärden,
die es gemacht hat, sondern der Augenblicke des Schweigens, die Ihr mit ihm
verlebt habt, denn die Eigenschaft dieses Schweigens ist es, die Euch einzig
und allein die Eigenschaft Eurer Liebe und Eurer Seelen enthüllt.
Ich berühre hier nur das tätige Schweigen, denn es gibt auch ein untätiges

50 Schweigen, das nur der Reflex des Schlafes, des Todes oder des Nichtseins ist.
Das ist das schlafende Schweigen, das, solange es schlummert, immer noch weniger gefährlich ist als das Wort; aber ein unerwarteter Umstand kann es plötzlich erwecken, und dann besteigt seine Schwester, das große tätige Schweigen,
den Thron. Seid auf der Hut! Zwei Seelen werden sich erreichen, die Mauern

55 weichen, die Dämme einstürzen, und das gewöhnliche Leben einem Leben Platz
machen, wo alles tragisch wird, alles wehrlos ist, wo nichts mehr lacht, nichts
mehr gehorcht, nichts mehr vergessen wird …
Die meisten von uns verstehen und lassen das Schweigen nur zwei oder drei Mal
in ihrem Leben zu. Sie wagen diesen unerforschlichen Gast nur unter feierlichen

60 Umständen bei sich aufzunehmen, aber fast alle nehmen ihn dann würdig auf;
denn selbst die Erbärmlichsten haben in ihrem Leben Augenblicke, wo sie handeln, als ob sie bereits wüssten, was die Götter wissen. Erinnert Euch des Tages,
wo Ihr ohne Schaudern Eurem ersten Schweigen gegenüber tratet. Die schreck-
liche Stunde hatte geschlagen und es trat vor Eure Seele. Ihr sähet es die Ab-

65 gründe des Lebens überschreiten, von denen man nicht spricht, und die Tiefen
des inneren Schönheits- oder Schreckensmeeres, und Ihr seid nicht geflohen …

Aufgabenstellung

1. Analysieren Sie den Text. Beurteilen Sie dabei insbesondere seine gedankliche und
sprachliche Qualität.
2. Untersuchen Sie, inwieweit Musil im *Törleß* Maeterlincks gedanklichen Ansatz
literarisch gestaltet hat.

Zu 1: Textanalyse und Beurteilung der gedanklichen und sprachlichen Qualität

- In einem ersten Abschnitt (Z. 1–8) entwickelt Maeterlinck den zentralen Gedanken seines Essays: Er definiert das Schweigen als das Element, „in dem sich die großen Dinge bilden" (Z. 3), die dann aus der Tiefe des Menschen an die Oberfläche dringen und das Leben beherrschen. Auffallend ist bereits in den ersten Sätzen der emphatische rhetorische Gestus. Ähnlich wie in dem Textauszug aus seinem Essay *Die Moral des Mystikers*, den Musil dem *Törleß* als Motto vorangestellt hat, bedient sich Maeterlinck hier des Bilds des Emportauchens aus der Tiefe, in der die großen Dinge zu finden seien. Eine feierliche Würde bekommt der Vorgang durch die Apostrophierung des Emportauchens als „vollkommen und majestätisch" (Z. 4) und durch die alliterierende Wendung „Licht des Lebens" (ebd.). Emphatische Lebendigkeit erhält der Anfang des Essays durch den zitierten Ausruf Carlyles mit dem Zusatz, der Stille und Verschwiegenheit müsse man „Altäre allgemeiner Anbetung" (Z. 1 f.) errichten. Die Verweise auf Carlyle und Wilhelm den Schweigsamen übernehmen die Funktion eines argumentum ex autoritate, des Sich-Berufens auf berühmte historische Persönlichkeiten mit dem Ziel, die Glaubwürdigkeit der eigenen Argumentation zu erhöhen.

- Mit einem vertraulichen „Du" spricht Maeterlinck im zweiten Abschnitt (Z. 8–19) den Leser an und gibt ihm den Rat, doch wenigstens einen Tag lang seine „Zunge still zu halten" (Z. 9). Dies reinige sein Inneres von unnützem Ballast und diene zur Klärung der vor ihm liegenden Aufgaben und Ziele. Seiner Zielgruppe, dem einfachen, demütigen Leser entsprechend, redet er von dessen Problemen als „Deinen armen, kleinen Nöten" (Z. 8 f.), als „Trümmer" und „Unflat" (Z. 10 f.), was in einem auffallenden Kontrast zu den hehren Formulierungen des ersten Abschnitts steht und einen leicht abfälligen Ton erkennen lässt. Auch die als verbürgte Belege gewählten Verweise sind allgemeine Weisheiten aus dem Bereich der Sprichwörter und Sinnsprüche, von denen er eines mit der pointierten Formulierung: „das Wort gehört der Zeit, das Schweigen der Ewigkeit an" (Z. 17 f.) metaphysisch überhöht.

- Im Zentrum des dritten Abschnitts (Z. 20–29) steht die zu einer Paradoxie zugespitzte These, sobald wir uns wirklich etwas zu sagen hätten, müssten wir schweigen. Maeterlinck begründet diese apodiktische Aussage mit der Behauptung, dass Worte zu einer wirklichen Kommunikation zwischen „zwei Wesen" (Z. 20 f.) nicht taugten, da sie die menschliche Seele ebenso wenig darstellen könnten, wie eine Katalognummer ein Gemälde von Memling. Daraus leitet er die an den Leser gerichtete Warnung ab, den als „unsichtbar" und „dringend" (vgl. Z. 24) bezeichneten Geboten des Schweigens nicht zu widerstehen. Wer dies täte, mache sich eines Versäumnisses schuldig, das die größten Schätze der menschlichen Weisheit nicht ersetzen könnten, sich nämlich einer anderen Seele zuzuwenden und ihr zu „lauschen" (Z. 27).

- Mit der ebenfalls als Paradoxie formulierten Aussage, wir sprächen nur in den Stunden, in denen wir nicht lebten, kehrt Maeterlinck zu Beginn des vierten Abschnitts (Z. 29–48) die vorangegangene These um. Dem Sprechenden verschlössen sich göttliche Türen. Wir sprächen nur, so seine Unterstellung, wenn wir unsere als „Brüder" (Z. 31) bezeichneten Mitmenschen nicht wahrnehmen wollten, denn unser Instinkt sage uns, dass das Schweigen mit unbekannten, nicht geliebten

Menschen gefährlich sei. Vor dem Hintergrund dieser Unterstellung holt Maeterlinck zu einer Lobeshymne auf das Schweigen aus: Das Schweigen sei „einzig", „das wahre Leben" und „unauslöschlich" (Z. 39 f.). Mit der pastoralen Formulierung „Gedenkt daran" (Z. 41) wendet er sich wieder an die Leser: Wer schweigend in die „Tiefen der Seele" (Z. 43) eines geliebten Wesens hinabgestiegen sei, erinnere sich nicht mehr an dessen Worte, sondern nur an die Augenblicke des Schweigens.

- Im fünften Abschnitt (Z. 49–57) grenzt Maeterlinck zunächst das untätige Schweigen vom tätigen ab. Nach der Verherrlichung des Schweigens folgt nun der Gestus des Warnens: Wenn das „große tätige Schweigen" den „Thron" (Z. 53 f.) besteige, müsse man auf der Hut sein. Es würden alle Hindernisse weichen, es entstände ein neues Leben, in dem sich die Seelen fänden, aber auch Verletzbarkeit drohe.

- Da selbst die erbärmlichsten Menschen wenige Augenblicke erlebten, so die Argumentation im letzten Abschnitt (Z. 58–66), in denen sie über göttliches Wissen verfügten, würden sie das Schweigen, den „unerforschlichen Gast" (Z. 59), feierlich und würdig bei sich aufnehmen. Mit der Überleitung „Erinnert Euch des Tages" (Z. 62) wechselt Maeterlinck in den Modus der Anrede und in das Tempus des Imperfekts, als habe der Leser die Erfahrung des tätigen Schweigens bereits hinter sich. Als ambivalent schildert er nun die Erfahrung des Schweigens: Abgründe des Lebens, „Tiefen des inneren Schönheits- oder Schreckensmeeres" (Z. 66) seien überschritten worden, und man habe standgehalten.

- Zusammengefasst lautet die Botschaft des Textes: Während Worte die Seele höchstens als Chiffre darstellen, eröffnet das Schweigen einen unmittelbaren Zugang zur eigenen Seele und ermöglicht einen direkten Kontakt der Seelen miteinander. Worte dienen nicht der wirklichen Mitteilung zwischen den Menschen, sie ersticken die Gedanken und sind vergänglich. Das Schweigen hingegen kann Mauern einreißen, ist unauslöschlich, hinterlässt seine Spuren, ist ewig. Nur im Schweigen lebt der Mensch wirklich. Um dem Leser diese Botschaft wirkungsvoll zu vermitteln, bedient sich Maeterlinck ganz unterschiedlicher Strategien, die aber alle das Ziel verfolgen, das präsentierte Wissen bedeutungsvoll erscheinen zu lassen, den Leser zu beeindrucken, ihn emotional anzusprechen und in die Gedankenwelt des Textes hereinzuziehen.

- Zunächst verfolgt Maeterlinck eine Strategie der Dramatisierung der Gedanken: Es wechseln belehrende Passagen, Verweise auf berühmte Gewährsleute oder Sinnsprüche mit deutlichen Warnungen vor einer Missachtung der erteilten Lehren. Es werden Ratschläge erteilt, wie der Leser sich zu verhalten habe, Versprechungen von ungeahnten Glückszuständen gemacht und gleichzeitig auch Drohungen ausgesprochen. So gerät der Leser in ein Wechselbad der Gefühle und in ein fein gesponnenes Netz der Abhängigkeit vom Autor.

- Es wird eine Kette von bedeutungsvollen, das kritische Denken eines Lesers überfordernden abstrakten Begriffen geknüpft wie: Seele, Leben, Ewigkeit, Augenblick, Wirklichkeit, Wahrheit, Wesen, Weisheit, Inneres, Tiefe, Schatz. Keiner dieser Begriffe wird definiert, sie sind offen für die subjektiven Projektionen des Lesers. So bekommen die Sätze eine Bedeutsamkeit und ein Gewicht, die sie bei kritischer Überprüfung nicht beanspruchen können. Beispielsweise wirkt der selbstsicher vorgetragene Gedanke, Schweigen gehöre der Ewigkeit an (vgl. Z. 17 f.) gewichtig, lässt sich aber weder konkret nachvollziehen noch philosophisch untermauern.

- Eine weitere Strategie, kritische Reaktionen des Lesers zu unterlaufen und seine Gefühle anzusprechen, besteht darin, die Extreme dramatisch zu überzeichnen: Schweigen ist die „wirkliche" (Z. 20, 23) Form, etwas zu sagen, ist „unauslöschlich", das „wahre Leben", das „einzige" (Z. 40), der Verlust ist „ewig", die Schätze sind die „größten" und „nie" zu ersetzen (Z. 25 f.), die Wahrheiten „übermenschlich" (vgl. Z. 35), die Türen „göttlich" (vgl. Z. 33). Mit dieser im gesamten Text nachweisbaren Strategie, Gegensätze und Extreme sprachlich zu überhöhen, entzieht sich Maeterlinck jeder rationalen Überprüfung seiner Gedanken und vermittelt dem Leser das Bewusstsein, an einem außergewöhnlichen Denkprozess teilzuhaben, der sich erst bei nüchterner, genauerer Überprüfung als wolkige Form mystischen Fantasierens darstellt. Über sie hat sich Musil schon bald nach Vollendung des *Törleß* auch kritisch geäußert.

Zu 2: Musils literarische Gestaltung von Maeterlincks Gedanken

- Bereits in seinem ersten längeren Gespräch mit Beineberg bezeichnet Törleß den Modus des Schweigens als eine besondere Form der Verständigung. Nachdem er Beineberg von seinem Einsamkeitserlebnis in einem dichten Wald bei Einbruch der Dämmerung berichtet hat, bekennt er, seit diesem Zeitpunkt oft das Gefühl eines plötzlichen Schweigens zu erleben, „das wie eine Sprache ist, die wir nicht hören" (S. 31). Hinter dieser scheinbaren Paradoxie einer nicht hörbaren Sprache verbirgt sich Maeterlincks Vorstellung des Schweigens als einer höheren Kommunikationsform als der des Sprechens, als ein Sehen mit der Seele. Einerseits sind es Naturerscheinungen wie der Wald, in dem die Bäume „schweigend" stehen oder der Himmel, der „schweigend" (S. 89) herunterstarrt, das „schweigende" (S. 195) Leben des Staubes im Lichtkegel der roten Kammer, in denen Törleß sich ihm nicht erschließende Chiffren zu erkennen glaubt. Andererseits erlebt Törleß aber auch schon früh, dass die wahren Eindrücke seiner Umgebung „wortlos vor seinem Geiste" stehen (S. 92).
- Als Törleß schließlich gegen Ende seines Verhörs vor der Kommission seiner Lehrer Distanz zu seinem mystischen Erleben gewinnen kann, gelingt es ihm auch, die Bedeutung des Schweigens genauer darzustellen. Beim Anblick der Dinge lebe etwas in ihm, „wenn die Gedanken schweigen" (S. 195), so drückt er sich aus, wobei die Gedanken sich immer im Modus der Sprache vollziehen. Kurz darauf erwähnt er abschließend ein Leben in ihm, „das sich nicht in Worten ausdrückt und das doch mein Leben ist" (S. 196). Dieses „schweigende Leben" habe ihn bedrückt, nun könnte er die Dinge beruhigt bald „mit den Augen des Verstandes, bald mit den anderen" (S. 196) ansehen, wobei er offen lässt, welche Augen die „anderen" sind. Der Kontext und die Nähe zu Maeterlinck legen es nahe, den sich im Schweigen vollziehenden unmittelbaren Kontakt mit den Menschen und Dingen in diesen „anderen Augen" zu sehen. So verlässt Törleß auch, ohne ein weiteres Wort zu verlieren, den Ort seiner Rechtfertigung: „Er schwieg. Er fand es ganz selbstverständlich, daß er nun gehen könne, und niemand hinderte ihn daran." (S. 196)

7 Sadismus und Masochismus

Theodor W. Adorno: *Erziehung nach Auschwitz* [Auszug]

In: Th. W. A.: *Gesammelte Schriften*. Bd. 10.2: *Kulturkritik und Gesellschaft II*. Frankfurt am Main: Suhrkamp, 1977. S. 674–690.

In dieser gesamten Sphäre[1] geht es um ein vorgebliches Ideal, das in der traditionellen Erziehung auch sonst seine erhebliche Rolle spielt, das der Härte. Es kann auch noch, schmachvoll genug, auf einen Ausspruch von Nietzsche[2] sich berufen, obwohl er wahrhaft etwas anderes meinte. Ich erinnere daran, daß
5   der fürchterliche Boger[3] während der Auschwitz-Verhandlung[4] einen Ausbruch hatte, der gipfelte in einer Lobrede auf Erziehung zur Disziplin durch Härte. Sie sei notwendig, um den ihm richtig erscheinenden Typus vom Menschen hervorzubringen. Dies Erziehungsbild der Härte, an d.as viele glauben mögen, ohne darüber nachzudenken, ist durch und durch verkehrt. Die Vorstellung, Männ-
10   lichkeit bestehe in einem Höchstmaß an Ertragenkönnen, wurde längst zum Deckbild eines Masochismus, der – wie die Psychologie dartat – mit dem Sadismus nur allzu leicht sich zusammenfindet. Das gepriesene Hart-Sein, zu dem da erzogen werden soll, bedeutet Gleichgültigkeit gegen den Schmerz schlechthin. Dabei wird zwischen dem eigenen und dem anderer gar nicht einmal so sehr
15   fest unterschieden. Wer hart ist gegen sich, der erkauft sich das Recht, hart auch gegen andere zu sein, und rächt sich für den Schmerz, dessen Regungen er nicht zeigen durfte, die er verdrängen mußte. Dieser Mechanismus ist ebenso bewußt zu machen wie eine Erziehung zu fördern, die nicht, wie früher, auch noch Prämien auf den Schmerz setzt und auf die Fähigkeit, Schmerzen auszuhalten.
20   Mit anderen Worten: Erziehung müßte Ernst machen mit einem Gedanken, der der Philosophie keineswegs fremd ist: daß man die Angst nicht verdrängen soll. Wenn Angst nicht verdrängt wird, wenn man sich gestattet, real so viel Angst zu haben, wie diese Realität Angst verdient, dann wird gerade dadurch wahrscheinlich doch manches von dem zerstörerischen Effekt der unbewußten und ver-
25   schobenen Angst verschwinden.
Menschen, die blind in Kollektive sich einordnen, machen sich selber schon zu etwas wie Material, löschen sich als selbstbestimmte Wesen aus. Dazu paßt die Bereitschaft, andere als amorphe Masse zu behandeln. Ich habe die, welche sich

---

1 Gemeint ist hier der Bereich der Rituale, in denen derjenige, der in ein Kollektiv aufgenommen werden will, seine Widerstandskraft unter Beweis stellen muss.
2 Friedrich Nietzsche bezeichnet es in *Jenseits von Gut und Böse* als ein Merkmal der aristokratischen Gesellschaft, dass sie sich nur mit Härte durchsetze: „Sie thut es mit Härte, ja sie will die Härte; Jede aristokratische Moral ist unduldsam, in der Erziehung der Jugend, in der Verfügung über die Weiber, in den Ehesitten, im Verhältnisse von Alt und Jung, in den Strafgesetzen".
3 Wilhelm Boger, Angehöriger der Lagergestapo in Auschwitz.
4 Prozess vor dem Landgericht Frankfurt 1963–65.

so verhalten, in der *Authoritarian Personality*[5] den manipulativen Charakter genannt, und zwar zu einer Zeit, als das Tagebuch von Höß[6] oder die Aufzeichnungen von Eichmann[7] noch gar nicht bekannt waren. Meine Beschreibungen
des manipulativen Charakters datieren auf die letzten Jahre des Zweiten Welt-
krieges zurück. Manchmal vermögen Sozialpsychologie und Soziologie Begriffe
zu konstruieren, die erst später empirisch ganz sich bewahrheiten. Der mani-
pulative Charakter – jeder kann das an den Quellen kontrollieren, die über
jene Naziführer zur Verfügung stehen – zeichnet sich aus durch Organisationswut, durch Unfähigkeit, überhaupt unmittelbare menschliche Erfahrungen zu
machen, durch eine gewisse Art von Emotionslosigkeit, durch überwertigen
Realismus. Er will um jeden Preis angebliche, wenn auch wahnhafte Realpolitik
betreiben. Er denkt oder wünscht nicht eine Sekunde lang die Welt anders, als
sie ist, besessen vom Willen of doing things, Dinge zu tun, gleichgültig gegen
den Inhalt solchen Tuns. Er macht aus der Tätigkeit, der Aktivität, der soge-
nannten efficiency als solcher einen Kultus, der in der Reklame für den aktiven
Menschen anklingt. Dieser Typ ist unterdessen – wenn meine Beobachtungen
mich nicht trügen und manche soziologische Untersuchungen Verallgemeine-
rung gestatten – viel weiter verbreitet, als man denken könnte. Was damals nur
einige Nazimonstren exemplifizierten, wird man heute feststellen können an
sehr zahlreichen Menschen, etwa jugendlichen Verbrechern, Bandenführern
und ähnlichen, von denen man jeden Tag in der Zeitung liest. Hätte ich diesen
Typus des manipulativen Charakters auf eine Formel zu bringen – vielleicht soll
man es nicht, aber zur Verständigung mag es doch gut sein –, so würde ich ihn
den Typus des *verdinglichten Bewußtseins* nennen. Erst haben die Menschen, die
so geartet sind, sich selber gewissermaßen den Dingen gleichgemacht. Dann
machen sie, wenn es ihnen möglich ist, die anderen den Dingen gleich. Der
Ausdruck „fertigmachen", ebenso populär in der Welt jugendlicher Rowdies wie
in der der Nazis, drückt das sehr genau aus. Menschen definiert dieser Ausdruck
„fertigmachen" als im doppelten Sinn zugerichtete Dinge. Die Folter ist nach
der Einsicht von Max Horkheimer[8] die in Regie genommene und gewissermaßen beschleunigte Anpassung der Menschen an die Kollektive. Etwas davon
liegt im Geist der Zeit, so wenig es auch mit Geist zu tun hat. Ich zitiere bloß
das vor dem letzten Krieg gesprochene Wort von Paul Valéry[9], die Unmenschlichkeit habe eine große Zukunft. Besonders schwer ist es, dagegen anzugehen,
weil jene manipulativen Menschen, die zu Erfahrungen eigentlich nicht fähig
sind, eben deshalb Züge von Unansprechbarkeit aufweisen, die sie mit gewissen
Geisteskranken oder psychotischen Charakteren, den Schizoiden[10], verbinden.

---

5 Soziologische Studie von Theodor W. Adorno u. a., erschienen 1950 in New York.
6 Rudolf Höß (1900–43), Kommandant des Konzentrationslagers Auschwitz.
7 Adolf Eichmann, zuständig für die Deportationen in die KZ. 1961 zum Tode verurteilt.
8 Philosoph und Soziologe (1895–1972), veröffentlichte zusammen mit Adorno 1947
  die *Dialektik der Aufklärung*.
9 Französischer Schriftsteller und Philosoph (1871–1945).
10 Menschen mit schizoider Persönlichkeitsstörung. Sie ist definiert als: Distanziertheit
   in den sozialen Beziehungen und eingeschränkte Bandbreite des Gefühlsausdrucks
   im zwischenmenschlichen Bereich.

Aufgabenstellung

1. Stellen Sie den Argumentationsansatz und die Argumentationsstruktur des Textes dar.
2. Untersuchen und beurteilen Sie Musils Darstellung sadistischer und masochistischer Verhaltensweisen im *Törleß* vor dem Hintergrund der Deutungen Adornos.

Zu 1: Argumentationsansatz und Argumentationsstruktur

- Im ersten Abschnitt seiner Argumentation (Z. 1–25) entwickelt Adorno den Zusammenhang zwischen den Grundlagen und Werten der traditionellen Erziehung und der in der Gesellschaft vorhandenen Bereitschaft zu sadistischer Gewaltausübung. Seine Argumentation setzt mit der These ein, dass das Ideal der Härte in den herkömmlichen Erziehungskonzepten eine zentrale Rolle spiele. Diese Behauptung stützt Adorno mit einem Verweis auf den NS-Verbrecher Bogner, der während des Auschwitz-Prozesses eine Lobrede auf eine „Erziehung zur Disziplin durch Härte" (Z. 6) gehalten habe, die zur Entwicklung eines von ihm für richtig gehaltenen Menschentyps notwendig sei.
- Von dieser weitverbreiteten Vorstellung grenzt sich Adorno entschieden und schroff ab, indem er sie als „durch und durch verkehrt" (Z. 9) bezeichnet. Seine Ablehnung begründet er mit einer Argumentation, die sich vorrangig auf allgemein anerkannte Grundeinsichten der Psychologie stützt: Hinter der Vorstellung, Männlichkeit könne nur um den Preis des Ertragens größtmöglicher Härte und Schmerztoleranz erworben werden, kaschiere sich ein Masochismus, der sich nur zu leicht mit Sadismus verbinde. Das Erziehungsideal der Härte führe zu einer „Gleichgültigkeit gegen den Schmerz schlechthin" (Z. 13), wobei zwischen dem eigenen Schmerz und dem der anderen nicht mehr genau unterschieden werde.
- Daraus zieht Adorno den Schluss, wer selber eine Erziehung zur Härte überstanden habe, leite daraus des Recht her, auch hart gegen andere sein zu dürfen. Dies sei die Rache für den erduldeten und verdrängten Schmerz. Deshalb müssten solche Mechanismen bewusst gemacht werden, hingegen dürfe die Fähigkeit, Schmerz auszuhalten, nicht weiter belohnt werden. In Anlehnung an einen Gedanken der Philosophie skizziert Adorno ein Erziehungskonzept, in dem eine realitätsbezogene Angst zugelassen sei und nicht verdrängt werden müsste, so dass sie keine zerstörerische Kraft mehr habe.
- Den zweiten Abschnitt (Z. 26–44) beginnt Adorno mit einer im thematischen Zusammenhang bleibenden, aber neu ansetzenden Argumentation. Er entwickelt nun ein Persönlichkeitsprofil, das er bereits 1950 in einer Studie unter dem Begriff des „manipulativen Charakters" (vgl. Z. 29) veröffentlicht hat. Er versteht darunter Menschen, die, das Ideal der Selbstbestimmung verleugnend, sich blind in Kollektive einordnen und sich so zu „Material" (Z. 27), zu Menschenmaterial degradieren lassen. Ihr Profil entwickelt Adorno in einer Auflistung von Merkmalen, die der Leser anhand der Aufzeichnungen von Naziführern wie Höß und Eichmann überprüfen könne:

- o Auffallende Organisationswut,
- o Unfähigkeit, unmittelbare menschliche Erfahrungen machen zu können, d.h. sich auf einen Menschen einzulassen, sich mit ihm auseinanderzusetzen, ihn in seiner spezifischen Persönlichkeit wahrzunehmen,
- o Formen der Emotionslosigkeit,
- o überwertiger Realismus, d.h. Fixierung auf die Ereignisse der Umwelt und deren Überbewertung,
- o wahnhafte Realpolitik, d.h. von Zwangsideen bestimmtes politische und strategisches Handeln,
- o Getrieben-Sein von einem Handlungswillen, bei dem die Inhalte des Handelns gleichgültig sind.

- In einem dritten Abschnitt (Z. 44–65) setzt Adorno den Typus des manipulativen Charakters in einen aktuellen Kontext und formuliert die These, dass diese Erscheinungsform nicht nur an NS-Verbrechern, sondern täglich an „jugendlichen Verbrechern" und „Bandenführern" zu beobachten sei. Mit Vorsicht, aber um der Verständigung willen etikettiert er diesen Typus mit dem Begriff des „verdinglichten Bewußtseins" (Z. 52). Verdinglichung ist in diesem Kontext als eine Form der Entpersönlichung zu deuten, bei der der Einzelne sich nicht mehr in seiner Emotionalität, sondern als Gegenstand, als „Ding" in einem beliebigen Funktionszusammenhang wahrnimmt. Wessen Bewusstsein solchermaßen verdinglicht sei, der neige auch dazu, die anderen Menschen den Dingen gleich zu machen, so folgert Adorno. Als ein für die NS-Zeit wie für die Gegenwart typisches verbales Aggressionsverhalten von Menschen führt er den Ausdruck „fertigmachen" an (Z. 55, 57), der in seiner Doppeldeutigkeit unmittelbar auf verdinglichtes Bewusstsein schließen lasse. Vom Begriff des „Fertigmachens" schlägt Adorno eine Brücke zur Folter, die Horkheimer als „beschleunigte Anpassung der Menschen an die Kollektive" (Z. 59) bezeichnet habe. Als Fazit dieses Abschnitts formuliert Adorno die Erkenntnis, dass gegen die Verbreitung eines verdinglichten Bewusstseins schwer anzugehen sei, da Menschen dieses Typus unansprechbar seien. Er rückt sie in die Nähe der Schizoiden, die sich durch soziale Kälte und reduzierten Gefühlsausdruck kennzeichnen.

Zu 2: Musils Darstellung sadistischen und masochistischen Verhaltens vor dem Hintergrund der Deutungen Adornos

- Deutet man, Adorno folgend, die Bereitschaft zu masochistischem und sadistischem Handeln als Konsequenz einer überzogenen Ausbildung zu Disziplin durch Härte, so erschließt sich dieser Zusammenhang in Musils *Törleß* erst bei genauerem Hinsehen. Dies liegt daran, dass der Erziehungsstil des Konvikts zu W. keine eigenständigen, deutlichen Konturen erhält, der Fokus des Erzählers über weite Strecken ausschließlich auf Törleß' Verhalten und Erleben sowie auf die Ereignisse um Basini gerichtet ist. Zum einen gilt es aber zu bedenken, dass Musil in diesem Roman auch autobiographische Erfahrungen verarbeitet hat und dass in dem Vorbild des Konvikts zu W., der Militär-Oberrealschule in Mährisch-Weiskirchen, der Unteroffiziersgeist der Militärerziehung dominierte, somit auch einzelne Handlungselemente in einem solchen Kontext gedeutet werden können. Zum anderen haftet den Zöglingen des Konvikts zu W., die durchweg aus höheren bürgerlichen oder adligen Kreisen stammen, eine den damaligen gesellschaftlichen Konventionen entsprechende Erziehung bereits an. Die Zöglinge bringen den repressiven Stil ihrer gesellschaftlichen Schicht schon mit, wie an Reitings, Beinebergs und Törleß' Verhalten nach Bekanntwerden von Basinis Diebstahl deutlich wird. Reiting und Beineberg reichen die erfahrene Härte der Gesellschaft in Selbstjustiz an Basini weiter, während Törleß diese Härte auf legale Weise exekutiert wissen will. Dies wirft ein deutliches Licht auf die Andersartigkeit des Törleß.

- Dass sowohl bei Reiting als auch bei Beineberg eine sadistische Gewaltbereitschaft latent vorhanden ist, lässt sich bereits recht früh erkennen. Auf unterschiedliche Weise sind beide Manipulateure der Macht. Darauf verweist bereits der vom Erzähler angedeutete, als „großer Krieg" (vgl. S. 56) bezeichnete Kampf, den Beineberg und Reiting um die Führungsposition in ihrer Klasse ausgetragen haben. Merkmale eines manipulativen Charakters und eines verdinglichten Bewusstseins weisen beide auf, wenngleich diese Indikatoren bei Reiting noch stärker in Erscheinung treten. Reitings Organisationswut und sein überwertiger Realismus zeigen sich darin, wie er die Menschen gegeneinander ausspielt, sie aufeinander hetzt, sie von sich abhängig macht und die Abhängigkeit ausnutzt und auskostet. Er überprüft seine Machtkonzepte im Hinblick auf ihre Wirksamkeit und treibt sein strategisches Spiel mit dem Ziel, sich auf die Welt der großen Politik (vgl. S. 55) vorzubereiten. Er spricht über Basini mit zynischer Distanz wie von einem Ding, ohne Gefühl für dessen Empfindungen, einzig und allein auf seinen Triumph bedacht.

- Weniger ausgeprägt, aber dennoch deutlich zu erkennen sind auch in der Figur Beinebergs Merkmale eines manipulativen Charakters und eines verdinglichten Bewusstseins. Aufbauend auf der indischen Philosophie seines Vaters und bereichert durch mystische Elemente seiner Zeit hat er sich ein Menschenbild aufgebaut, das alle Züge des Elitären zeigt. Die Art, wie er sich über Basini äußert, weist ebenfalls Merkmale einer verdinglichten Beziehung zu Menschen auf, wenn auch ideologisch verbrämt. Er stigmatisiert Basini zum Untermenschen, redet von ihm als einem von der Weltseele verlassenen Individuum, von einem „Wurm oder einem Stein am Wege" (vgl. S. 78), von „etwas Unnotwendigem" von „einer leeren Form" (S. 79). Auf Törleß' Gefühle kann er sich in den meisten Situationen nicht einlassen, bleibt verständnislos und kalt. Andererseits vermag er seine eigenen Ideen, auch noch die abwegigsten, sowie seine Konzepte zur Bewältigung alltäglicher Probleme detailliert und geordnet darzustellen.

- Schließlich ist Törleß der introvertierte Ästhet, der unter der realen Angst, die der Internatsalltag in ihm verursacht, auch tatsächlich leidet. Er ist kein manipulativer Charakter, Anzeichen eines verdinglichten Bewusstseins lassen sich nicht finden, er ist eher tatenarm und in sich gekehrt, in eine beständige Selbstbeobachtung versunken. Seine Wahrnehmung schwankt zwischen Vision und Realitätsbezug. Von drohenden Aggressionen ist er zutiefst zu erschrecken. Orientierungslos lebt er zwischen den Mauern des Konvikts, hochintelligent, aber seinem Denken nicht trauend. Wie er dazu kommt, in dem systematisch geplanten, sadistischen Komplott gegen Basini eine aktive Rolle zu spielen, lässt sich mit den Ausführungen Adornos nicht erklären. Dennoch hat Musil Törleß' Verhalten so angelegt, dass seine Täterschaft sich bruchlos aus seiner Psyche ergibt. Als der Jüngere und Schwächere lehnt sich Törleß an die „übelsten seines Jahrganges" an (S. 15), und aufgrund seines klaren Denkens wird er bald zu deren „geheimem Generalstabs-chef" (vgl. S. 57). Nachdem Törleß anfänglich den Ausschluss Basinis aus dem Kon-vikt für die einzig legale und unter moralischem Aspekt angemessene Maßnahme hält, gibt er dem Gruppendruck nach und gerät schrittweise in die sadomasochis-tische Szenerie hinein. Vor der Rolle des Mitläufers bewahren ihn weder sein be-weglicher Geist (vgl. S. 56) noch seine ästhetische Sensibilität. Was Reiting und Beineberg an sadistischer Quälerei ausagieren, bleibt bei Törleß verbal, während die anderen Basini sexuell ausbeuten und verdinglichen, verstrickt sich Törleß in eine erotisch grundierte menschliche Beziehung zu Basini. Mit der Figur Törleß entwirft Musil eine Variante sadistischen Handelns, die Adorno, zumindest in dem vorliegenden Textauszug, nicht erfasst hat. Weder eine ästhetische Bildung noch überdurchschnittliche Intelligenz bewahren einen Menschen vor der Anfälligkeit für sadistische Gewalt. Dies literarisch gestaltet zu haben, ist Musils Verdienst.

Walter Jens: „Sadistische Spiele auf dem Dachboden" [Auszug, Schlussteil]

Walter Jens: „Sadistische Spiele auf dem Dachboden": *Die Verwirrungen des Zöglings Törleß*. In: Frankfurter Allgemeine Zeitung. 19. Juli 1984. Zit. nach: *Romane von gestern – heute gelesen*. Hrsg. von Marcel Reich-Ranicki. Bd. 1. Frankfurt am Main: S. Fischer, 1989. S. 55–63.

Und dann das Eigentliche: Zum ersten Mal in der Weltliteratur gelingt es einem Schriftsteller – im Alter von fünfundzwanzig Jahren! –, nicht nur den Seelenhaushalt von Jugendlichen zu beschreiben, die bis um 1900 immer nur als halbe Erwachsene dargestellt werden konnten, sondern, was weit schwerer ist, die Denk-

5 weise junger Menschen zu analysieren …, und das nicht in gelehrter Prosa, der Weise Ernst Machs[1] zum Beispiel, der Musils eigentlicher, ihm das Problem „Wie kommen Erkenntnisprozesse zustande?" eröffnender Lehrer gewesen ist, sondern sinnlich, anschaulich und konkret.

Intellektuelle Zustände sehen sich durch eine Prosa „vivifiziert", vergegenwärtigt,
10 fühlbar gemacht, die das Ziel verfolgt, am Beispiel des Weltverständnisses von Jugendlichen ein dichterisches Modell des Denkens schlechthin zu entwickeln: „Der Sechzehnjährige", heißt es in Musils Tagebüchern, „ist eine List. Verhältnismäßig einfaches und darum bildsames Material für die Gestaltung von seelischen Zusammenhängen, die im Erwachsenen durch zuviel anderes kompliziert
15 sind, was hier ausgeschaltet bleibt."

Das lebendige Denken und das gedankenträchtige Fühlen: das Wechselspiel von Un-, Vor- und Halbbewußtem hier und hoher Rationalität dort auf den poetischen Begriff gebracht zu haben, ist die eigentliche Leistung des Schriftstellers Musil, der sich im *Törless* als genuiner und eigenständiger Partner Sigmund
20 Freuds erwies: nicht, das wäre denn doch zuwenig, wegen der Schilderung des Sadomasochismus in der Adoleszenz, auch nicht allein wegen der Fähigkeit, „die Triebgrundlage des Dritten Reichs" – so Musil im Gespräch – visionär vorauszubeschreiben, sondern wegen der exemplarischen Verdeutlichung von Denkvorgängen, die in direkter Beschreibung, unmittelbar und, durch die Darstel-
25 lung korrelierender Vorgänge, Naturereignisse und Stimmungen, mittelbar dargestellt werden.

Der junge Törless, ein janusgesichtiges[2], von verwegenen Erfahrungen und tollkühnen Gedankenaufschwüngen gezeichnetes Ich: Er ist für mich der erste moderne Mensch in der deutschen Literatur: dem Hofmannsthalschen Lord

---

1 Physiker, Philosoph und Wissenschaftstheoretiker (1838–1916), Wegbereiter der Gestaltpsychologie. Zuletzt Professor an der Universität Wien.
2 Abgeleitet vom Begriff des Januskopfes: Kopf mit zwei Gesichtern, die in entgegengesetzten Richtungen blicken.

30 Chandos oder dem Rilkeschen Malte Laurids Brigge[3] oder Thomas Manns Hanno
Buddenbrook[4] um ein halbes Jahrhundert voraus. Weshalb? Weil sich bei Musil
die unheilige Allianz von Ästhetizismus und Terror, gedanklicher Unbedingtheit
und moralischer Neutralität am Beispiel eines Menschen beschrieben sieht, dem
jedes Mittel recht ist, das tauglich sein könnte, ihm, dem aus allen Zusammen-
35 hängen Herausgenommenen, zu neuer Natürlichkeit und neuem Vertrauen in
eine Weltordnung zu verhelfen, in der die Dinge, anders, als er es erfährt, wieder
vernünftig und verläßlich benannt werden können. Eine Weltordnung, die, in
ihren Tag- und, mehr noch, ihren von Alfred Kerr[5] beschworenen Nachtseiten
nur von jenen erfahren werden kann, die „einen Sinn mehr als andere haben":
40 den Ästheten vom Schlage Törless', wie ihn Robert Musil beschrieb.
Törless, aus dem alles werden kann, ein hellsichtiger Aufklärer am Rande des Ab-
grunds, aber auch ein Faschist – beides ist möglich, je nachdem, wie die „auf die
Schärfe eines Nadelstichs konzentrierte Inkubation", die bis zur Perversion des
Humanen ins Unmenschliche gehen kann, ihren Niederschlag findet. Wo hätte
45 dieser Törless wohl gestanden, 1933 – auf Seiten Klaus Manns[6], als Emigrant
in Paris, oder Seit an Seit[7] mit Gottfried Benn[8] in Berlin? Törless – einer, der zu
sich selbst gekommen wäre („Eine Entwicklung war abgeschlossen"), ein für
allemal gefeit? Oder einer, der bedroht bliebe, jederzeit bereit, den Teufelspakt
(wenn auch mit der gebotenen *reservatio mentalis*[9]) zu erneuern? („Die Erinne-
50 rung, daß … fiebernde Träume um die Seele schleichen, die festen Mauern zer-
nagen und unheimliche Gassen aufreißen – auch diese Erinnerung hatte sich
tief in ihn gesenkt.")
So oder so: Er bleibt Zeitgenosse, der sechzehnjährige, von einem fünfundzwan-
zigjährigen Schriftsteller beschriebene Zögling. »Das Leben liegt vor ihm«, hat
55 Alfred Kerr 1906 geschrieben – und das gilt auch heute noch von diesem Möglichkeitsmenschen, der in seiner Vielschichtigkeit, seiner Widersprüchlichkeit,
seinem Hermaphroditen-Wesen[10] wirklichkeitsmächtiger als seine Zeitgenossen
bleibt, die tatsächlich gelebt haben. „Es schien damals, daß er überhaupt keinen
Charakter habe": und trotzdem, achtzig Jahre danach, quicklebendig!

---

3 Hauptfigur des Romans *Die Aufzeichnungen des Malte Laurids Brigge* von Rainer Maria
Rilke (1875–1926), erschienen 1910.

4 Figur aus dem Roman *Buddenbrooks. Verfall einer Familie* von Thomas Mann
(1875–1955), erschienen 1901; jüngster Nachkomme der Familie.

5 Förderer Musils und Rezensent des *Törleß*. Kerr schrieb in seiner Rezension 1906
über den Roman: „Das Starke seines Wertes liegt in der ruhigen, verinnerlichten
Gestaltung abseitiger Dinge dieses Lebens – die eben doch in diesem Leben sind. [...]
,Nachtseiten' sagt der Feuilletonist; also Nachtseiten" (zit. nach: Schröder-Werle, S. 81).

6 Sohn Thomas Manns (1906–49); Schriftsteller, Gegner des Nationalsozialismus, unter
dessen Regime seine Bücher verboten wurden; ging 1933 ins Exil nach Paris.

7 Anspielung auf das 1916 als Hymne der Arbeiterbewegung verwendete Gedicht
„Wann wir schreiten Seit' an Seit'" von Hermann Claudius, der nach 1933 als Literat
dem NS-System diente.

8 Arzt, Dichter und Essayist (1886–1956); sympathisierte anfänglich mit dem Nationalsozialismus.

9 Gedanklicher Vorbehalt.

10 Zweigeschlechtliches Wesen.

Aufgabenstellung

1. Analysieren Sie den Text.
2. Setzen Sie sich vor dem Hintergrund Ihrer Romankenntnis und aus der Sicht des heutigen Lesers mit der von Walter Jens vertretenen These der ungebrochenen Aktualität des *Törleß* auseinander.

Zu 1: Textanalyse

- In essayistischer Form, mit Stilelementen einer Lobrede, einer Laudatio, stellt Walter Jens Musils *Törleß* aufgrund der präzisen, anschaulichen Zeichnung der Hauptfigur Törleß als ein aus seiner Epoche herausragendes Werk dar, das auch achtzig Jahre nach seiner Entstehung von ungebrochener Aktualität ist. In einem ersten Teil (Z. 1–26) begründet Jens seine Einschätzung des Romans mit charakteristischen Merkmalen der thematischen und ästhetischen Gestaltung. Im zweiten Teil (Z. 27–59) fokussiert er die Figur Törleß in ihrer Zwiespältigkeit und ideologischen Anfälligkeit als modernen Menschen und Zeitgenossen. Der Text entwickelt vielfältige Strategien der Argumentation und ist rhetorisch wirkungsvoll durchgestaltet. Es durchzieht ihn ein Netz von Anspielungen und Verweisen, das jedoch, um den Gesamtduktus der Argumentation zu erschließen, nicht zwingend im Einzelnen realisiert werden muss. So kann der Text auf unterschiedlichen Ebenen gelesen werden.
- Im ersten Absatz (Z. 1–8) entwickelt Jens die zentrale These, mit Musils *Törleß* sei es zum ersten Mal in der Weltliteratur einem Schriftsteller gelungen, die Denkweise eines jungen Menschen zu analysieren. Die herausragende Bedeutung dieses Sachverhalts unterstreicht wirkungsvoll eine dreischrittige Klimax: Nicht nur der Seelenhaushalt von Jugendlichen werde beschrieben, die in der literarischen Tradition bisher ohnehin nur als halbe Erwachsene präsent seien, sondern ihre Denkweise werde analysiert, was durch den Einschub „was weit schwerer ist" (Z. 4) eine zusätzliche Aufwertung erfährt. In einem dritten Schritt attestiert Jens dem Autor Musil, dass er dies nicht in gelehrte Prosa gefasst habe, sondern „sinnlich, anschaulich und konkret" (Z. 8). Zum einen wird durch die wie nebenbei eingeschobene Bemerkung, Musil hätte sich auch des wissenschaftlichen Stils seines Lehrers Ernst Mach bedienen können, seine ästhetische Behandlung der Thematik zusätzlich gewürdigt. Zum anderen unterstreicht das am Ende des Abschnitts im Stile eines Trikolons angeordnete „sinnlich, anschaulich und konkret" noch einmal das Gewicht der zentralen These in pointierter Form.
- Als Begründung der Eingangsthese lassen sich die Ausführungen im zweiten Absatz (Z. 9–15) lesen: Die intellektuellen Zustände der Protagonisten würden, und hier greift Jens die syntaktische Figur des Trikolons wieder auf, „,vivifiziert', vergegenwärtigt, fühlbar gemacht" (Z. 9 f.), wobei er auf Musils frühes Konzept des Schriftstellers als „Vivisecteur", als eines Erforschers seelischer Zustände anspielt. Durch ein Zitat aus Musils Tagebüchern wird belegt, dass Musil mit der Gestaltung des Weltverständnisses von Jugendlichen auch ein „Modell des Denkens schlechthin" (Z. 11) zu entwickeln intendiert habe.

- Der dritte Absatz (Z. 16–26) beginnt mit einer elliptischen Fügung und ist zudem noch durch ein Wortspiel hervorgehoben: Das Wechselspiel von Denken und Fühlen, in dessen Darstellung Jens die zentrale Leistung Musils erblickt, wird durch die Begriffe „lebendiges Denken" und „gedankenträchtiges Fühlen" (vgl. Z. 16) repräsentiert, die durch die vorangestellten Attribute auf ihre Verschränkung, aber auch auf die Dominanz des jeweiligen Modus verweisen. Noch einmal gestisch, deiktisch markiert durch die Partikel „hier" und „dort" (Z. 17), wird dieser Zusammenhang als das Wechselspiel zwischen „Un-, Vor- und Halbbewußtem" und „hoher Rationalität" (Z. 17) bezeichnet. Musil, so schließt Jens an, habe sich als echter, eigenständiger Partner des Psychologen Sigmund Freud erwiesen. Um die Spannung des Lesers zu erhöhen, führt Jens zunächst auf, welche Aspekte ein solches Lob nicht verdienten: nicht die Schilderung des Sadomasochismus, auch nicht die visionäre, antizipatorische Beschreibungen der „Triebgrundlage des Dritten Reichs" (Z. 22). Ein solches Lob verdiene Musil vielmehr wegen der „exemplarischen Verdeutlichung von Denkvorgängen" (Z. 23 f.) auf zweifache Weise: unmittelbar durch die direkte Beschreibung, mittelbar durch die Darstellung der „Vorgänge, Naturereignisse und Stimmungen" (Z. 25), die mit den jeweiligen Denkvorgängen in Beziehung ständen. Die der Erhöhung der Lesespannung dienende Strategie des Ausschließens gewichtiger Aspekte hat gleichzeitig den Effekt, dass diese Gesichtspunkte dennoch hervorgehoben werden und dass sie bei der vorgenommenen Akzentsetzung als vom Autor beachtet und gewürdigt gelten können.
- Mit dem vierten Absatz (Z. 27–40) eröffnet Walter Jens eine neue Perspektive auf den Roman und leitet eine neue Argumentation ein. Er richtet nun den Fokus auf die Person des Törleß und formuliert die zentrale These des zweiten Abschnitts als persönliche Einschätzung: Für ihn sei Törleß der erste moderne Mensch in der deutschen Literatur, vergleichbaren Figuren aus anderen Werken seiner Epoche um ein halbes Jahrhundert voraus. Zur Begründung dieser These argumentiert Jens auf unterschiedlichen Ebenen: Mit einer Anspielung auf die Heilige Allianz von 1815 und deren fatale Folgen sieht er von Musil eine „unheilige Allianz von Ästhetizismus und Terror, gedanklicher Unbedingtheit und moralischer Neutralität" (Z. 32 f.) am Beispiel der Person des Törleß beschrieben. Der Begriff der „gedanklichen Unbedingtheit" verweist darauf, dass Törleß in seinem Denken keine Grenzen respektiert, den Dingen auf den Grund geht, sich mit vorschnellen, bequemen Lösungen nicht zufrieden gibt. Vor diesem Hintergrund bekommt die „moralische Neutralität", das Ausblenden jeglicher moralischer Wertungen mit Beginn der sadistischen Quälereien einen besonderen Stellenwert. Diese von Musil zum ersten Mal gestaltete Konstellation ermögliche jene „Allianz von Ästhetizismus und Terror", durch die sich die Person des Törleß auszeichne. Dem aus allen Lebenszusammenhängen herausgerissenen Törleß, so führt Jens seine Argumentation fort, sei jedes Mittel recht, das ihm erneut zu einer Weltordnung verhelfe, in der die Dinge mit Vernunft und zuverlässig benannt werden könnten. Wieder aufgegriffen wird der Begriff der „Weltordnung", die in ihren Tagseiten und, mit Bezug auf Alfred Kerrs bahnbrechende Rezension, in ihren Nachtseiten nur von jemandem erlebt werden könne, der ein Ästhet im Stile Törleß' sei.

- Mit einem durch die elliptische Gestaltung des Satzes an den Anfang gestellten und dadurch hervorgehobenen „Törleß", aus dem alles werden könne, ein hellsichtiger Aufklärer wie auch Faschist, beginnt der fünfte Absatz (Z. 41–52), in dem Jens unterschiedliche, die mögliche Zukunft des Törleß betreffende Szenarien entwickelt. Beides könne Törleß werden, je nach dem, wie sich, und hier wird ein Textzitat herangezogen, die „Inkubation" (Z. 43) gestalte, die bis zu einer „Perversion des Humanen ins Unmenschliche" (Z. 43 f.) führen könne. Wo Törleß 1933 wohl gestanden hätte, fragt Jens anschließend, auf Klaus Manns Seite im Pariser Exil oder „Seit an Seit" mit Gottfried Benn in Berlin. Während das Gedankenspiel, den inzwischen 43-jährigen Schriftsteller Törleß an der Seite Gottfried Benns in Berlin zu sehen, sich in seiner Bedeutung erschließt, wenn man sich Benns anfängliche Sympathien für den Nationalsozialismus bewusst macht, ist die archaisierende Formulierung „Seit an Seit" verschlüsselter. Als Zitat aus Hermann Claudius' 1916 entstandenem Gedicht „Wann wir schreiten Seit' an Seit'", der Hymne der Arbeiter- und Wandervogelbewegung, bekommt es erst dann eine neue Verweiskraft, wenn man weiß, dass Claudius das NS-Regime als Literat aktiv unterstützt hat. Gelesen werden kann dies als versteckte Anspielung auf Törleß' virtuelles Schwanken zwischen einem Aufklärer und einem Faschisten, das Jens gedanklich erwägt. Noch einmal verstärkt wird das Szenario durch die Gegenüberstellung eines in sich zur Ruhe gekommenen Törleß und eines Törleß, der bereit wäre, den Teufelspakt, wenn auch mit gedanklichen Vorbehalten, wieder zu erneuern.
- Schließlich beendet Jens das Gedankenspiel im letzten Abschnitt (Z. 53–59) mit der Überleitung, Törleß bleibe, wie auch immer er sich entscheiden könne, auch heute, d. h. zur Zeit der Veröffentlichung des Essays 1984, ein Zeitgenosse. Als „Möglichkeitsmenschen" (Z. 55 f.) apostrophiert Jens den Musil'schen Helden, der jedoch in seiner „Vielschichtigkeit", „Widersprüchlichkeit" und seinem „Hermaphroditen-Wesen" (vgl. Z. 56 f.) „wirklichkeitsmächtiger" (Z. 57) sei, der Wirklichkeit gewachsener erscheine als seine Zeitgenossen. Damit entlässt Jens den Törleß aus seinem Essay, nicht ohne ihm zu bescheinigen, dass er auch nach achtzig Jahren noch „quicklebendig" (Z. 59) sei.

Zu 2: Auseinandersetzung mit der von Walter Jens vertretenen These der ungebrochenen Aktualität des *Törleß*

- Was Walter Jens zu der Einschätzung bewegt, Törleß als den ersten modernen Menschen in der deutschen Literatur zu bezeichnen, seine an ihm zu beobachtende Verquickung von Ästhetizismus, gedanklicher Schärfe einerseits und sadistischer Gewalt andererseits, lässt ihn sicherlich auch heute noch modern erscheinen. Der Roman macht nachvollziehbar, wie ein junger Mensch in einer Situation sozialer Isolation, „lähmender Gewalt der Enge" (vgl. S. 29), fehlender äußerer Anregungen sich als „verarmt und kahl" erlebt (S. 11), wie einem aus einem „bürgerlich freidenkenden Hause" (S. 13) stammendem Jugendlichen, der „Goethe, Schiller, Shakespeare, vielleicht sogar schon die Modernen" gelesen hat (S. 15), jegliches moralische Gefühl abhanden kommen kann. Törleß erlebt diesen Zustand als innere Hilflosigkeit und Leere, die es ihm leicht machen, sich an ältere Mitschüler, „gerade die übelsten seines Jahrganges" (S. 15), anzuschließen und sich in neuen Sinnbereichen zu erproben. Was den Roman auch heute noch als aktuell erscheinen lässt, ist die auch von Walter Jens hervorgehobene Rationalität, mit der Törleß den eskalierenden Prozess sadistischer Gewalt erlebt, sowie die Motivstruktur, die ihn zu seiner Teilnahme an den gewaltsamen Übergriffen treibt: die Flucht aus der Monotonie des reizarmen Schullebens und vor allem das Bedürfnis, sich in einem solchen Sinngebiet zu erproben und durch die Erfahrungen Aufschlüsse über die eigene Triebdynamik, deren Möglichkeiten und Grenzen zu erhalten. Dadurch, dass Musil das gesamte Geschehen mit dem Blick eines aufmerksam analysierenden „Vivisecteurs" schildert, werden die psychodynamischen Prozesse ungewöhnlich transparent.

- Dass eine aufmerksame Beschäftigung mit der Person des Törleß auch heute noch überraschende Sichtweisen zur Deutung aktueller Ereignisse eröffnen kann, zeigen die offensichtlich an keine Zeit gebundenen sadistischen Übergriffe in Gefängnissen, Gefangenenlagern, Kriegssituationen. Was sich im Kleinen in der Geschlossenheit der roten Kammer auf dem Dachboden des Konvikts abspielt, ereignet sich immer wieder in größerem Stil in den Zellen und Fluren der Gefängnisse. Wie Törleß auch, sind die Täter oft unauffällige, integrierte, ihren Dienst korrekt abwickelnde Menschen, deren Motiv- und Triebstruktur meist im Dunkeln bleibt. Wenn die aus dem Törleß zu gewinnenden Einsichten wenigstens ansatzweise dazu dienen können, mit geschärfter Aufmerksamkeit und strukturiertem Blick solche Ereignisse aufzunehmen und zu verarbeiten, haben sich die Mühen der Romanlektüre gelohnt.